KB169535

착취도시,

서울

일러두기

- 이 글에 나오는 인물과 지명, 나이 등은 상황에 따라 재가공했다.
- 박스 글은 한국일보 기사를 발췌한 것이다. 〈지옥고 아래 쪽방〉(2019년 5월 7, 8, 9일자)과 〈대학가 新쪽방촌〉(2019년 10월 31일, 11월 1, 4, 5일자) 등이다. 그 외의 글은 모두 단행본용으로 새롭게 썼다.
- 주거 면적은 되도록 제곱미터로 표시했으나, 거주민들이 사용하는 입말대로 '평'으로 기입한 것도 있다.

당신이 모르는
도시의 미궁에
대한 탐색

착취도시,

이혜미
지음

서울

글항아리

차례

들어가며 — 006

1부 지옥고 아래 쪽방

1. '현대판 쪽방' 고시원 사람들 — 011

2018년 11월 9일 국일고시원 화재 ┃ 327호, 이명도, 64세 ┃ 326호, 홍아무개, 59세

2. '비정한 도시'의 최저 주거 전선 — 020

단돈 만 원에 당신의 비참한 삶을 삽니다 ┃ 살아서 들어가는 관欄, 쪽방 ┃ 박씨의 쪽방

3. 쪽방촌의 빈곤 비즈니스 — 049

강씨 일가 ┃ 벗어날 수 없는 쪽방의 굴레 ┃ 쪽방에 산다는 것 ┃ 누가 쪽방으로 돈을 버는가 ┃ 쪽방촌 생태계의 축, 중간 관리인 ┃ '지옥고 아래 쪽방'을 보도하다

4. '지옥고 아래 쪽방' 그 후 — 107

쪽방촌에 배달된 신문 ┃ 다시 만난 박씨

2부 대학가 신쪽방촌

1. 자전적 '주거 난민' 이야기 — 123

20대의 나는 '주거 난민'이었다 | 역행하는 청년 주거빈곤

2. 대학가가 쪽방촌이 되고 있다 — 135

우체통과 계량기가 집에 대해 말해주는 것들 | 당신의 원룸은 '신쪽방'입니까 | 도심 속의 섬, 사근동의 비밀 | 그들이 기숙사를 반대한 까닭 | 신쪽방 잠입취재

3. 서울, 뜨내기들의 욕망 도시 — 162

사근동에서 온 답장 | 당신에게 집은 어떤 의미인가요? | 청춘에게 더욱 비정한 도시, 서울 | '프로듀스 101'의 축소판, 서울

나오며 — 201

주 — 207

들어가며

"모든 조건이 존재하는 건 누군가 그 존재에서 이익을 얻기 때문이다. 이 같은 경제적 착취는 슬럼가에서 구체적인 형태를 얻는다."[1](마틴 루서 킹)

가난은 언제 빈자貧者의 생에 시나브로 문을 열고 들어오는 걸까. 가난한 이들은 언제부터, 왜 가난한 걸까. 그들은 가난하게 태어나서 가난한 걸까. 자본주의가 극대화된 오늘날 한국 사회에서 가난은 미디어가 가장 좋아하는 소재임에도 불구하고 그 기저에 깔려 있는, 가진 자가 가지지 못한 자를 착취하는 구조까지 세상에 드러내어 보인 적은 많지 않습니다.

이 책은 2019년 5월, 그리고 10월~11월에 연재된 한국일보의 〈지옥고 아래 쪽방〉〈대학가 新쪽방촌〉 보도에 대한 뒷이야기입니다. 보도는 '노숙과 주거의 경계'라 불릴 정도로 취약한 구역인 쪽방촌에 만연한 건물주의 약탈적 임대업을 폭로하고, 또 젊음과 미래를 담보로 청년을 주거 빈곤으로 내모는 건물주의 집단 이기주의를 실증적으로 보여줬습니다. 또 보도 이전 아동 주거 빈곤을 다룬 〈단칸방에 갇힌 아이들〉을 기획, '주거 3부작'을 만 1년 동안 완성해 스스로도 떳떳한 마음입니다.

'빈곤'을 이야기할 때 흔히 간과되고 마는 현실인 착취의 연쇄 과정을 이야기하고자 했습니다. 거악巨惡뿐 아니라, 가장 낮은 곳의 존재를 갉아먹으며 지위를 지탱해나가고 있는 우리 주변의 착취에 주목했습니다. 최저 주거 전선이라 불리는 쪽방촌과 주거 빈곤 청년도 예외가 아니었습니다.

주거, 그중에서도 부동산이 아닌 주거 복지에 천착한 까닭은 저 스스로가 어린 시절부터 빈곤과 투쟁해왔기 때문입니다. 가난이 부끄러움이 된 사회에서, 행여 가난의 냄새가 새어나갈까 봐 온몸을 꽁꽁 감싸고 다녔던 지난날. 하지만 저는 빈자의 이야기를 씀으로써 저를 속박했던 가난에서 해방됨을 느꼈습니다. 그리하여 '주거 3부작'은 기자로서도, '나' 스스로를 인정하며 살아가는 데에도 전환점이 된 보도입니다. 제게만 의미 있을 수 있는 이 경험을, 단행본으로 엮어 사회적 의미로 확장할 기회를 주신 글항아리와 이은혜 편집장님, 김시덕 선생님께 감사드립니다.

신문 연재를 비롯해 단행본 출간까지 이 시기 한국일보 기획 취재부 선배들의 각별한 애정과 응원이 있었습니다. 막내 기자의 발칙한 발제에도 "좋네, 재밌네. 해봐"라며 누구보다 큰 응원 보태주셨던 양홍주 선배. 상반기에 오로지 '좋은 기사를 쓰고 싶다'는 열정만 갖고 일할 수 있었던 건, 좋은 선배들이 모든 토양을 다져주었기 때문입니다. 감사하고 존경하는 김혜영 선배. 일을 대하는 태도뿐 아니라 사람을 대할 때의 진심, 그리고 세상을 바라보는 시선, 이 모든 것을 배우고 곁눈질로 모사하고 싶었으나 아직 저는 부족함이 많습니다. 2019년 하반기, 흔들리는 저를 꼭 붙잡아준 이진희, 박상준, 박소영 선배, 그리고 2018년 사회부 경찰팀에도 애틋한 마음을 전합니다. 이 모든 일은 저 혼자 한 것이 아니라 선배들이 계셨기에 가까스로 해낼 수 있었습니다. 많은 인턴 기자가 거쳐가면서 모두 자기 역할을 기꺼이 해주어 고맙습니다.

무엇보다 어린 연차의 기자가 시도하는 모든 실험과 도전에 기꺼이 지면을 열어준 한국일보가 있어 보도와 단행본 출간의 기회까지 얻을 수 있었습니다. 텍스트로 부족한 장면을 사진으로 남겨주신 홍인기, 배우한, 서재훈 선배 감사합니다. 기획을 진행할 때마다 선후배 동료들의 응원이 이어졌으나, 한 분 한 분 감사의 말씀을 전하지 못해 송구합니다.

마지막으로 저를 항상 믿어주는 가족에게 사랑한다는 말을 전합니다.

이혜미

1부

지옥고 아래 쪽방

'현대판 쪽방'
고시원 사람들

2018년 11월 9일 국일고시원 화재

낡은 아이보리색 타일로 외관을 장식한 3층 높이의 빌딩. 가장 높은 곳에 있는 3층 창문은 검은 토악질을 하고 있었다. 국일고시원은 2018년 11월 9일 오전까지만 해도 종로2가와 3가 사이, 청계천과 가장 가까운 도로변 코너에 '존재했었다'.

고개를 가까스로 들어야 눈치챘을, 고개를 아래로 숙여야 알아차렸을 존재는 불이 난 날 사망 선고를 받았다. 고시원도, 그곳에 살던 일곱 명의 사람도.

화재가 나고 이틀 뒤인 2018년 11월 11일. 국일고시원 앞엔 경찰과 취재진, 그리고 한겨울에 슬리퍼만 걸친 채 집 앞을 어슬렁

거리던 고시원 생존자들이 있었다.

도시에서 투명인간처럼 보이지 않는 이들의 생명이 한순간에 뭉텅 사라진 줄도 모른 채 거리는 온통 발랄한 노랑으로 물들었다. 인력사무소에 갔다가 돌아오는 이들이, 보증금 100만 원 마련할 여유가 없던 이들이 오로지 길거리 생활을 피하기 위해 드나들던 입구는 '출입금지-POLICE LINE-수사 중'이라고 적힌 노란 띠지로 칭칭 감겨 있었다. 입구 앞의 희생자를 기리기 위해 놓인 테이블에는 먹음직스럽게 노오란 귤 하나와 감 두 개가 놓였다. 사그라든 사람들의 생명처럼 낙엽이 되어버린 노란 은행잎은 몇 다발인지 셀 수 없을 정도로 수북하게 쌓인 하얀 국화꽃 위를 덮어, 꽃의 비감悲感을 지워버렸다. 7명의 가난한 생명이 세상에 반항 한번 하지 못한 채 꺼진 곳이라고는 믿기지 않을 정도로 차분한 거리.

아스팔트 바닥 위에 덕지덕지 붙은 추모 문구의 슬픈 언어만이, 이곳이 화재 참사로 여러 사람의 목숨을 앗아간 곳임을 알리고 있었다. "'부동산' 정책 말고 '주거권' 정책이 필요합니다" "쪽방, 고시원, 여인숙 반복되는 빈곤층 주거지 화재 참사의 재발 방지를 촉구합니다"라는 손글씨가 쓰인 종이 앞에서 길을 걷던 행인들도 잠시 멈춰 서 검게 탄 건물 3층을 올려다봤다. 온갖 대기업 사무실 간판이 붙어 있고, 마천루가 즐비한 종각 근처에서 단지 한 블록 떨어져 있을 뿐인데, 노숙 신세를 겨우 면한 저임금 일용직 노동자들은 이곳에 모여 살았다. 행인들도 그 사실이 믿기지 않는다는 듯 우연한 발길이 닿았다가 "여기가 그 불난 고시원이었나봐"라며 수군거렸다.

평화가 깨진 건 오후 2시였다. 한 정당의 대표가 동료 정치인과 함께 화재 현장을 찾았다. 길바닥에 앉아 있던 기자들이 일사불란하게 일어나 정치인의 한마디 한마디를 받아쳤다. 찰칵찰칵 셔터 소리와 키보드 자판 소리가 요동쳤다. 대표는 당의 색깔인 노란색 옷을 겉옷 안에 받쳐 입었다. 묵념을 마친 후 기자들 앞에서 큰 소리로 "우리나라 빈곤층의 주거 문제 실상을 그대로 보여줬다"며 대책 마련에 목소리를 높였고, 몇 분 지나지 않아 그들이 떠난 거리에는 또다시 생존자들과 기자만 남겨졌다.

불이 난 고시원 바로 앞에 있는 복권 노점상 벽에는 "'공공주택'을 늘려 무주택 시민의 삶을 바꿉니다"라는 공허한 공익 광고가 궁색하게 붙어 있었다.

|

327호, 이명도, 64세

"저럴 거면 우리한테 돈이나 주지그래."

옆에서 이를 지켜보던 생존자 이명도(가명·64)씨가 못마땅하다는 듯 툴툴거렸다. 적대감이 교묘하게 섞인 빈정거림이었다. 327호에 살던 그는 창문이 있는 방에 살아서 화를 면했다. 301호에서 난 화염이 복도를 모두 막아버리자, 그는 두 번 생각할 필요도 없이 3층 높이의 고시원 창문에서 뛰어내려 탈출했다. 숯덩이로 변한 현장에서 그나마 건질 물건이 있을까를 기다리며, 주민들에게 현장이 개방되는 그 찰나를 위해 초겨울 추위를 견디면서 고시원 앞을 어슬렁거렸다.

고시원 바로 옆 지하에 있는 다방에서 커피를 주문하면서도 "다른 기자들은 밥 한 끼 사주면서 이야기를 들었다"며 대신 잿밥이라도 떨어지지나 않을까 하는 내색을 보였다. 이씨는 잇속에 밝은 이였다. 기자를 이용할 줄도 알았다. 눈치 빠르게 기자가 무슨 이야기를 듣고 싶어하는지를 말하며, 은근슬쩍 자기한테 필요한 내용을 섞어 말했다. 언론 대면을 할 기회가 없는 일반 시민에게서는 쉽게 찾기 힘든 능력이다.

기사 쓰는 일을 업으로 삼게 되면서, 길거리의 누구를 만나도 붙임성 있게 인사를 건네고, 짧은 시간 안에 친해져서, 내밀한 이야기를 끌어내는 일엔 단련이 되어 있다 싶었지만 여느 취재원을 대하듯 그를 객관적으로 바라보기란 어려웠다. 신발도 갖춰 신지 못하고 맨발로 뛰어내렸던 그는 '자신의 귀한 출신'을 설파했다. 인간적 연민이 생기려다가도, 그의 허풍에 다시 사그라지는 일이 반복됐다.

"이래 뵈도 젊었을 때 굉장히 잘살았다고요. 종로 토박이 집안이라서 종로에서만 40년 살았어요. 가세가 찌그러져서 고시원에 왔는데 정말 사는 의미가 없어요. 내가 왜 살고 있는가 싶어. 예전에는 테니스도 세 군데나 다니고, 수상스키도 철만 되면 다녔거든. 바다 낚시도 가고. 올해는 여태껏 살아 있는 꽃게 한번을 못 먹었어요."

입맛을 쩝 다시다 말고, 그는 커피를 호로록 마셨다. 그는 종로 토박이임을 마치 과거 신분제 사회에서 혈통 자랑이라도 하 듯, 이런저런 현대사 지식을 섞어가며 늘어놓았다. 오히려 과시 하듯 내뱉는 화려한 단어들은, 손톱 사이사이에 끼어 있는 검댕 이가 보여주는 그의 현실과 대비되어 더욱 공허하게 들렸다.

"여기 고시원 앞에 청계천 건너면 공구 거리가 있어요. 옛날 에는 여기에 '선반' '밀링'이라고 해서 금속 관련 공장들이 빼곡 하게 다 차 있었는데 그 기세가 얼마나 대단했냐 하면 사람들이 '탱크 빼고 철로 된 건 다 만들 수 있는 곳'이라고 불렀어요. 나 도 한때 여기서 일했지. 그러다가 경기가 안 좋아지면서 공사일 을 다니기 시작했던 거고."

집이 없어 한곳에 붙박이지 못하고 떠돌다가, 공사 현장에서 일을 하면 숙식까지 해결해준다기에 지방을 전전했다. 배관 설 비 일을 하며 입에 풀칠을 했다. 국일고시원으로 흘러 들어온 건 2018년 봄. 가족도, 돈도, 집도 없는 이가 밥도 해결할 수 있 고 공과금을 낼 필요가 없는 고시원을 거처로 삼게 된 건 필연 이나 다름없었다.

국일고시원은 '일자리'를 구하는 데에도 최적화된 곳이었다. 쪽방, 고시원, 달방 같은 열악한 주거를 이야기할 때면 어김없이 '서울만 고집하지 말고 지방으로 내려가면 빈집이 천지'라는 반 박 일색이지만, 가난한 이들이 서울 주거를 포기하지 않는 데는 나름의 이유가 있다. 게다가 그는 곧 죽어도 종로에 살아야 한다 는 토박이 아닌가. 주장할 권리가 없는 소외된 자의 막무가내일 지는 몰라도, UN사회권규약은 주거권에 대한 한 가지 조건으로

'익숙한 문화에 살 권리'를 규정하고 있다. 돈이 없다고 해서 익숙한 곳에 살 수 없다는 것은 기실 철거와 강제이주를 반복해왔던 우리나라 도시 개발의 비정한 학습 효과다.

"인력사무소가 바로 여기 길 건너 종로에 있어요. 일을 얻으려면 아침 일찍 가야 하는데 버스나 지하철 값을 아낄 겸 근처로 숙소를 잡았지. 여기서 나흘 알바를 하면 40만 원 정도 벌 수 있어요."

마디마디마다 허세와 체념이 들쑥날쑥 혼란하게 섞였다. 하지만 이야기는 일관성 있게 기승전'돈'으로 흘렀다. 돈이 없어서 잘 놀지도 못하고 맛있는 것도 못 먹는다, 제발 정부에 돈으로 배상해달라고 기사를 써달라 등등. 상황에 내몰린 이는 '자신의 존엄'이라도 돈으로 환원할 수 있다면 온 세상에 내다 팔 기세였다.

"지금은 전 재산이 10만 원뿐이에요. 주머니에 돈이 있어야 술도 마시고 놀 텐데, 예전에는 일주일에 한두 번은 그러고 놀았지만 이제는 언제 그런 걸 했는지 기억도 안 나요. 매일 아침 일어나면 세상이 암흑이에요. 노숙자로 전락하기 전 마지막 단계가 '고시원'이라고 하잖아요. 전 희망이 없어요. 조용히 안락사 됐으면 하는 심경이에요. 불이 났던 그때도 만약 뜨겁지 않고 맵지 않고 편안했더라면 난 아마 누워 있었을 거야."

지·옥·고(지하방·옥탑방·고시원). 주거 비용은 나날이 감당할 수 없는 수준으로 치솟고, 양극화와 저성장에 도시에서 '도태'되어버린 이들이 근근이 먹고 자는 것만 해결하며 살아가는 곳. 불황에 일자리가 없어 노숙 위기에 내몰린 저임금 일용직 노동자와 독거 노인 등은 평범한 일상을 영위하기 위해 자발적으로 지옥고로 들어갔다. 5년마다 이뤄지는 통계청 '인구주택총조사'에서 2005년 '주택 이외의 거처'에 사는 이들이 오피스텔을 제외하고 5만 가구였다. 증가세는 가팔랐다. 2010년에 13만 가구로 늘고, 2015년엔 39만 가구로 늘었다. 그 중심에는 사법고시 폐지 등을 계기로 학생과 고시생이 빠져나간 후 저소득층 단신 생활자의 새 보금자리가 된 '고시원'이 있다. 이제 고시원에서 홀로 사는 중년을 보는 것은 더 이상 낯선 풍경이 아니다.

326호, 홍아무개, 59세

"아내와 자식들은 제가 고시원에 사는 걸 몰라요. 불이 났다고 해서 가족한테 따로 연락하지는 않았어요. 왜 떨어져 사는지는 가정사라 말할 순 없고요…… 어쨌든 가족이 알아채지 못하게 이름은 절대 쓰지 말아주세요."

326호, 그러니까 327호 이명도씨 옆방에 살았던 홍모(59)씨는 가족에게 이 사실이 알려지면 안 된다고 신신당부했다. 거주자 중 꽤 '젊은 축'에 속했던 그는 4년 전 국일고시원에 터를 잡았다.

그는 평생 '재기'를 꿈꾸는 사람이었다. 하지만 '패자부활'을 용납하지 않는 한국 사회에서 재도전을 거듭한다는 것은 큰 기대 없이 매주 토요일 로또 복권을 사며 '대박'이 나길 기대하는 확률과 다를 바 없었다. 그래도 비용을 아끼고자 사무실 겸 숙소를 고시원에 차렸다. 궁여지책이었다.

"30년 전에 유흥업소를 경영했어요. 이후 사업을 하려고 여러 번 일을 벌였는데 다 실패했고요. 특히 IMF 때 있었던 큰일 이후로 재기를 못 했지요. 그때 세제 사업을 하려고 벨기에에서부터 원료 15톤을 가져왔는데, 원료를 뒀던 용인에 폭우가 쏟아져서 자연재해로 다 쓸려내려가 쫄딱 망했죠. 그 후로 계속 도전했지만 아직 제자리입니다. 지금도 사업 준비 중이라 잘되길 바랐는데 하필이면 불이……."

열심히 살수록 가난해진다. 국일고시원 화재 현장에서 만난 모든 사람이 온몸으로 증명하고 있었다. '계급 상승'이니 '성취'니 하는 목표는 자본주의 사회에 어느 정도 안착한, 적어도 서민 이상이 되어야 품을 수 있는 삶의 목표다. 이곳에 사는 이들의 목표는 상향이 아니라 하루하루 밀려나지 않는 것뿐이다.

"저야 사업을 하는 사람이지만, 고시원에 있는 이들 대부분은 막노동꾼이었지요."

은연중에 그는 이웃과는 선을 그었다. 고시원 안에도 계급이 있고, 그 계급의 표식은 '창문'이다. 그가 살던 326호는 월 35만 원. 그 역시 창이 있는 조금 비싼 방에 살았기에 생존할 수 있었다. 자신은 일용직 노동자가 아닌 '사업'을 하는 사람이라는 상대적 우월감도 대화 군데군데에 묻어 나왔다.

징글징글하게도 그가 국일고시원을 떠나 임시로 짐을 푼 곳 역시 인근의 월 40만 원짜리 고시원이었다. 생존자 중에서도 월세 앞자리 숫자 '4'를 감당할 수 있는 이는 손에 꼽힐 정도다.

'현대판 쪽방'이라 불리는 고시원은 그에게 어떤 공간일까.

"고시원요? 세상의 바닥이에요. 이 고시원엔 노숙자 가기 일보 직전인 나이 많은 사람들이 모여 살았어요. 불났을 때도 짐이 없으니 몸뚱어리만 나온 사람이 태반이었죠."

2019년 현재 대한민국에서는 극단적 빈민이 최저 실존을 위해 몸 누일 공간 '한 쪽'을 얻으려고 몸부림치고 있다. 그리고 누군가는 그들의 '가난해서貧' '괴로운困' 상황을 이용해 폭리를 취하고, 착취에 가까운 임대업으로 부의 첨탑을 쌓아가고 있다. 이른바 '빈곤貧困 비즈니스'다.

'비정한 도시'의
최저 주거 전선

단돈 만 원에 당신의 비참한 삶을 삽니다

2018년 11월 11일 오후 5시, 저녁이라기엔 이른 시각이지만 서울 종로구 창신동 쪽방촌 골목에는 일찌감치 어둠이 짙게 깔려 있었다. 도심에서 쉽게 볼 수 없는 주황색 가로등 불빛이, 이 동네가 얼마나 낙후하고 손길이 닿지 않았으며, 게다가 이런 행정에 '민원' 한번 넣을 여력 없이 숨죽이고 사는 곳인지를 방증하고 있었다.

거미줄이 군데군데 처진 가로등 불빛은 깜빡깜빡 소리를 내며 1초에 한 번씩 꺼졌다 켜지기를 반복했다. 집들에서 빛 한 줄기 새어나오지 않고, 사람 소리 없는 가운데 유일하게 들리는 소음이었다. 지하철 환승역인 동대문역과 동묘 완구 시장 사이, 골목 초입엔 빨간 온천 표식과 함께 정직한 고딕체로 '○○○여관' '○○모텔'류의 간판이 즐비하다. 한두 사람 겨우 지나갈 법한 어두운 골목을 끝없이 들어가면 서울에서 '가장 가난한 사람들'이 사는 창신동 쪽방촌에 닿는다.

두 개의 지하철 호선이 교차하는 데다 사거리에는 흥인지문이 떡하니 자리잡고 있고, 5분을 채 걷지 않아도 동대문디자인플라자DDP와 의류 도매 상가 빌딩, 호텔 등 번쩍번쩍한 건물들이 내뿜는 휘황찬란한 빛으로 뒤덮이는 동네.

하지만 청계천 하나 넘었을 뿐인데, 횡단보도 하나 건넜을 뿐인데, 창신동 쪽방촌에는 전후 시기에 지어졌을 법한 낡은 상가 건물과, 그보다 훨씬 더 전부터 있었을 낮은 높이의 단층 주택이 빼곡하게 들어서 있다. 하늘은 집집마다 전봇대와 연결하는 제각기 굵고 얇은 전선들로 뒤죽박죽했다.

이곳은 옛 대중교통 수단의 일종인 기동차의 종점이었다. 일제 강점기였던 1932년, 경성궤도주식회사는 동대문에서 왕십리 간에 여객을 운송하는 기동차를 운행했다. 자연스럽게 여인숙이나 술집, 성매매 집결지가 형성됐다. 1966년 기동차의 운행을 중단하면서 여인숙과 성매매촌 등이 쪽방으로 바뀌었다는 것이 이 지역에 오래 거주한 주민들의 이야기다.[2] 혹은 인근 평화시장이 형성되던 시기에 지방에서 올라온 값싼 노동자들의 숙소나 창고 등으로 만들어진 것도 섞여 있을 것으로 추정된다.[3]

농네의 건물들은 낡은 한옥을 크게 개·보수하지 않고 그때그

서울 종로구 창신동 쪽방촌 일대.

때 고쳐 쓰는 식으로 수선한 건물 일색이었다. 간혹 다 쓰러져 가는 목조 건물에 온갖 자투리 목판과 슬레이트 판을 조잡하게 엮어두고, 나무 조각에 간이로 집 주소를 적어놓은 집들도 있었다. 벽에 난 구멍에 덧대어 붙인 얇은 철판은 녹이 슬어 또다시 숭숭 구멍이 났다.

낮은 높이의 개량 한옥이나 슬레이트집의 지붕에는 조금이라도 바람을 막으려고 천막이나 장판이 올려져 있었다. 혹은 하늘에서 봤을 때 'ㅁ'자, 'ㄷ'자 옛 한옥의 마당 위를 투명한 판이나 비닐로 덮어 실내처럼 사용하는 경우도 허다하다. 외벽에는 페인트칠을 하지 않은 곳도 흔했다. 심지어 시멘트 블록을 쌓은 뒤 마감도 하지 않아, 층층이 쌓아 올린 블록이 고스란히 노출되어 마치 공사 현장을 방불케 하는 집도 있었다.

심란한 풍경 가운데서도 집들이 '쪽방'으로 사용된다는 표식은 밖에서도 쉽게 알아차릴 수 있다. 쪽방 입구마다 '보증금 없는 월세방 있음' 종이가 나붙어 있거나, 외벽에 유성펜으로 아무렇게나 '월세방 있음 →' 기호가 남겨져 있다. 간혹 번지수도 굵은 펜으로 벽에 아무렇게나 적혀 있기도 했다.

현관에는 어김없이 구청이 구비해줬을 법한 신식 소화기가 여러 대 비치되어 있었다. 건물 안으로 고개를 빼꼼 넣었더니 쪽방마다 삐져나온 굵은 전선들이 모여 한 움큼은 되었다. 얽히고설킨 전선은 수십 년 동안 정리하지 않은 채 방치된 듯했고, 한 건물에 얼마나 많은 사람이 사는지를 암시했다. 그러나 노후한 전선에서 불이라도 나면, 얼핏 봐도 소화기 한두 대로는 역부족일

게 자명했다.

살아가려는 흔적도 곳곳에 역력했다. 사람들은 골목 어귀마다 스티로폼 박스에 흙을 채워넣어 씨앗을 뿌려 싹을 틔웠다. 생명은 스티로폼 안에서도 쑥쑥 컸다. 어떤 집은 10개가 넘는 화분을 골목에 내놓았다. 집 안에는 빛이 들어오지도 않고, 뿌리 내릴 공간도 충분치 않다.

전봇대에는 '인력사무소' 스티커가 덕지덕지 붙어 있다. 대부분 일용직 노동자로 일하는 주민들을 대상으로 한 것이다. 나름의 DIY 능력을 발휘하는 이도 있었다. 쪽방으로 사용되는 건물들의 현관과 창문 위로 직접 짜맞춰 만든 듯한 나무 선반이 부착돼 있었고 선반 위에 슬레이트 판을 올렸다. 마치 캐노피인 것처럼 어느 쪽방 창의 빗물을 막아주고 햇빛을 막아줬다.

환경 미화니 봉사활동이니 하는 명목으로 젊은 외부인이 들어와 그려줬을 벽화는 알록달록 눈에 띄었다. 동네의 전반적인 분위기와는 너무나 이질적인 발랄한 슈퍼마리오 그림 위에는 '월세방 있음'이라는 글귀도 함께 남겨졌다. 벽화가 무척 화사해서, 겨울철 한 사람도 다니지 않는 골목은 더 을씨년스럽게 느껴졌다.

"쪽방도 한번 가봐라. 주거 실태나 안전 상황 가서 살펴보고."

첫걸음은 이렇게 시작되었다. 오전 내내 국일고시원 인근에서 취재를 하다가, 갑자기 쪽방을 가라는 지시가 떨어졌다. 이튿날 신문 지면을 위해 빠른 시간 안에 쪽방, 고시원 등 온갖 취약

속칭 '창신동 쪽방촌'이라 불리는 서울 종로구 창신동 종로46가길.

계층의 주거 실태를 들여다보는 기사를 만들어야 했다. 게다가 1면 기사로 예정돼 있었다.

쪽방이 뭔지, 어디 있는지도 몰랐지만, '네'라고 짧게 대답한 뒤 길을 걷다 말고 서서 휴대전화로 쉴 새 없이 '쪽방촌' '벌집' '달방(보증금 없는 여관 셋방)'을 검색했다. 명쾌한 답은 보이지 않았다. 일요일이라 공무원이나 쪽방상담소(쪽방 주민들을 위한 사회복지시설)와 연결되지 않았고 마음만 초조해졌다. 종로 귀금속 거리 인근의 허름한 여관을 무작정 들어갔다가 퇴짜를 맞고, '잠만 자는 방' 전단지에 적힌 번호로 전화를 걸다가, 길을 잘못 들어가게 된 곳이 창신동 쪽방촌이었다.

서울 종로구 종로46가길. 스마트폰 지도로 주소를 찍어보고 손가락으로 요리조리 확대해보아도 보일까 말까 한 구도심의 낙후된 골목. 한 골목에 있는 다섯 곳의 건물이 나란히 글씨체만 달리해 '○○여인숙'이라 표시되어 있는 것도 기괴한데, 문을 열고 고개를 살짝 들이밀면 복도를 중심으로 '쪽방'이 마치 벌집과 같은 형태로 다닥다닥 붙어 있는 곳. 젊은 여성에게 결코 우호적인 분위기는 아닌 음산한 곳이었고, 이런 골목에서는 오히려 누군가와 마주칠까봐 등줄기엔 땀이 흘러내렸다. 가끔 뛰쳐나오는 고양이에 가슴이 철렁하기도 했다. 하지만 상념은 아랑곳 않고 추적추적 내리는 보슬비에 코트 위 우비를 입고, 한 손에는 휴대전화와 또 다른 손에는 수첩을 든 채 정처 없이 동네를 헤맸다.

본격적인 겨울이 오기도 전에 문풍지로 틈 없이 막은 쪽방 문이 때마침 열리기만을 기다리면서.

그때 쪽방촌 한가운데서 유일하게 불빛을, 사람의 온기를 내뿜고 있는 'S 슈퍼'가 눈에 띄었다. 슈퍼라기보다는 담배 가게에 가까운 작고 남루한 곳. 동네 사랑방과도 같은 공간이라 슈퍼 앞에는 의자가 여러 개 놓여 있었지만, 초겨울엔 영 쓸 일이 없었다.

철제 미닫이문을 드르륵 열자, 3평 남짓 되는 공간은 오랫동안 팔리지 않은 물건들에서 나는 비리고 텁텁한 냄새를 풍겨냈다. 철제 선반 위에는 슈퍼 주인의 세간과 손님들한테 파는 물건들이 뒤엉켜 있었고, 물건이라봐야 기껏 담배나 음료, 과자 몇 종류뿐이었다.

다짜고짜 주인에게 '이모님'이라 부르며 사람 좋은 체를 했다.

"안녕하세요. 저 한국일보 기자인데요. 제가 비타민 음료 비싸게 살 테니까 주민 한 분만 소개해주시면 안 될까요?"

구석 마루에서 손녀들과 저녁밥을 먹던 60대 슈퍼 주인 최미자(가명·62)씨가 급하게 슬리퍼를 신고 나왔다. 이제 슈퍼를 닫을 일만 남은 시각에 갑자기 들이닥친 손님에, 싱글벙글 안면에 웃음을 가득 띤 채 비타민 음료가 10개 들어 있는 상자를 품에 안겼다.

"내가 잘 아는 사람이 있지. 이거 5000원인데……."

카드 결제가 될지도 의문스러운 작은 가게에서, 급한 대로 5000원짜리 음료 값으로 1만 원을 지불했다. 슈퍼 주인은 횡재한 표정으로 주저함 없이 맞은편 허름한 2층 건물로 갔다. 천군만마를 얻은 기분이었다.

회색 철제 현관이 '끼익' 소리를 냈다. 소리는 요란하지만 제 기능을 하는지는 알 수 없었다. 여러 명의 거주자가 공동으로 사는 쪽방 건물 현관은 잠겨 있지 않고 드나듦이 자유로웠다. 춥지 않은 계절이면 활짝 젖혀 있지만, 현관이 굳게 닫힌 겨울은 쪽방 사람들을 더욱 움츠러들게 한다.

　대부분의 쪽방은 마당이나 야외와 노출된 구조에 투명한 슬레이트 지붕을 덮어 실내처럼 사용한다. 위에는 트럭 천을 덮기도 한다. 조금의 한기라도 막으려는, 혹은 가장 저렴한 방법으로 '실내 환경'을 조성하는 궁여지책이다. 최씨를 따라간 집은 2층 주택 형태. 얼핏 봐도 지은 지 50년은 됐을 법한 낡은 집이었다. 2층에도 쪽방이 있어, 이 건물에만 쪽방이 11개다. 그렇지만 바람은 2층의 슬레이트 지붕과 낡은 천막이 아슬하게 막고 있었다.

　문을 열자마자 실외나 다를 바 없는 환경에 노출된 수도꼭지에서 물이 똑똑 흐르고 있었다. 2층으로 올라가는 좁고 어둡고 가파른 계단 쪽에 화변기 하나 겨우 들어가 앉기도 힘든 수준의 좁은 공간을 거주자들은 '화장실'이라 부른다. 겨울에도 오줌 지린내가 진동을 했다.

　맞은편 공간엔 궁색한 세면장이 있었다. 덩그러니 놓인 자주색 고무통엔 수돗물이 가득 차 있었다. 돼지 꼬리 모양의 온수 전열기가 동동 떠 있었지만, 영하의 날씨에 물을 겨우 얼지 않게 하는 수준으로만 힘을 쓸 뿐이었다. 순간적으로 물을 데우는 돼지 꼬리 전열기는 주로 농촌의 축사나, 먼 바다로 장기 조업을 나가는 어선에서나 사용하는 히터다. 물속에 손을 집어넣으니 겨우 미지근하다는 느낌이 들 정도. 웬만한 강골이 아니고서야 겨울에 씻을 만한 온도가 아니다. 이런 세면장에서 쪽방 주민들은 설거지나 할 수 있을까.

차갑고 서늘한 진회색 시멘트 복도를 가운데에 두고 좌우로 대여섯 개의 문이 빼곡했다. 그러나 조금의 냉기라도 새어 들어올까 문을 꼭 닫은 바람에, 복도에서 엿들을 수 있는 TV 소리로 사람이 살고 있다는 것을 눈치챌 수 있었다. 오래되어 틀어지고 휜 문틈 사이로 불빛이 실낱같이 새어나왔다. 복도 맨 끝에서 왼쪽에 있는 구석 방문을 최씨는 양해를 구하지도 않고 드르륵 열었다. 마치 제집을 드나들 듯.

1.5평 남짓한 방 안에서는 60대 남성 두 명이 전기매트 위에 앉아 TV를 보고 있었다. 방 안이지만 두 사람은 겨울 외투를 입고 손을 가랑이 사이에 끼워넣은 채 양반다리를 하고 있었다.

최씨의 손길이 거침없었던 데에는 이유가 있었다. 방의 주인 박선기(62)씨와 함께 앉아 있었던 이는 최씨의 남편 정철환(가명·64)씨였던 것. 겨울철 일거리가 없을 때에는 부인이 운영하는 슈퍼에서 이것저것 잡일을 돕고, 이제는 친구나 다름없는 박씨와 시간을 보낸다.

"안녕하세요. 몇 가지만 여쭤볼게요……. 며칠 전 청계천 옆에 있는 고시원에서 불난 거 아시죠? 그런 사고 접하면 무슨 생각이 드세요?"

건조한 질문으로 운을 뗐다. '당장 기사에 필요할 법한' 질문들이었다. 마음이 급했고, 적당한 답을 듣기만 하면 엉덩이를 들고 일어날 요량에, 방 안에 들어갈 생각도 않고 문턱에 걸터앉아 박씨의 이야기를 스마트폰으로 받아 쳤다.

"아휴, 마음이 안 좋지. 안 그래도 텔레비전 뉴스로 보면서 속상했어요. 여기도 불나면 다 죽을 거 아니에요."

"건물에 스프링클러는 있어요?"

"그런 게 어딨어 쪽방에. 불나면 다 죽는 거야. 20년 넘게 이 동네에 살면서 불난 적 수두룩한데, 기사 한번 난 적이 없어요. 얼마 전에도 윗동네에 불났다더라고."

"불이 왜 났대요? 사람은 살았어요?"

"이유는 몰라……. 아마 라면 끓여 먹다가 그랬겠지. 가스버너로 밥을 해먹거든요. 요즘은 추워서 그것도 못 하지만. 방 안에서 불날 거라곤 전기장판밖에 없는데 그걸 안 껐으려나."

"난로 같은 건 안 쓰세요?"

"쪽방은 월세에 불, 전기 공과금이 다 포함돼 있어요. 그런데 집주인이 뭐 전기를 펑펑 쓰게 해주겠어요? 난로 같은 건 전기 많이 먹는다고 못 쓰게 해요. 난 이 방에 제대로 된 창문 하나 없는데 불나면 그냥 죽는 거지 뭐."

"소화기는요?"

"여기 입구랑 복도 같은 데에 있을 거예요. 가끔 소방 점검 나올 때마다 나눠주고……."

20분 정도 이야기를 나눴을까. 건조하고도 폭력적이며 일방적인 질문들. 노트북 꺼내는 것조차 수고스런 일이라며 펼치지 않고, 돌아오는 답들을 스마트폰에 열심히 받아쓰는 기자. 그때까지만 해도 온통 관심은 그의 삶이 얼마나 비참한지, 이 공간이 얼마나 열악한지에만 쏠려 있었다. 방은 얼마나 좁은지. 춥기는 또 얼마나 추운지. 불이 난 것을 목격한 적은 없는지. 고시원 사람들의 죽음에 대해 어떻게 생각하는지. 곧 들이닥칠 겨울이 얼마나 두려운지. 생계는 어떻게 이어가는지. 집값이 부담스럽지는 않은지. 외롭지는 않은지. 멀쩡한 집에 살고 싶지는 않은지.

"고시원 불난 거 보고 여러 생각이 드셨겠어요."

"그런데요, 아가씨. 난 솔직히 고시원은 우리보다 사정이 훨씬 낫다고 생각해요. 돈 떨어지면 노숙밖에 길이 없는데 나이 드는 게 무섭고 막막해요. 여기 들어와서 좀 앉아봐요."

박씨는 전기장판 구석 자리를 권해가며 오랜만에 방문한 손님에게 들뜬 모습을 보였다. 생판 처음 보는 남에게 자신의 필리핀 형수 사진까지 보여줄 정도였으니. 취재 목적만 달성하고 등돌릴 만큼 그렇게 냉정하지만은 못한지라, 방으로 들어와 문을 닫았다. 한 사람 겨우 누울 수 있는 방 안에 세 명이 꾸역꾸역 앉았다. 그는 가장 따뜻한 자리를 내어줬다.

이야기를 듣던 내 눈높이에 몇 권의 책이 꽂힌 게 눈에 띄었다. 길에서 주운 것이라고 했다. 그중 한 권에 시선이 머물렀다. 제목은 '가난의 시대: 대한민국 도시 빈민은 어떻게 살았는가'. 굳이 이 책을 길에서 주웠다는 박씨의 인생을 갑자기 조금 더 듣고 싶어졌다. 그는 거리에 버려진 책 중 왜 이 책을 꺼내 들었을까. 자기 이야기 같아서? 다른 이들은 어떻게 살았는지 궁금해서? 왜 가난하게 살아야 하는지 묻고 싶어서?

책에서 저자는 '도시 빈민'을 이렇게 정의한다. "도시 빈민은 노동할 능력과 노동할 의사가 있는 '경제활동인구'임에도 사회구조적으로 근대적 임금노동 체계 외곽에 머물고 있는 집단."[4] 이들은 열심히 노동을 해도 가난한 상태를 벗어나지 못한다. 아직 책을 읽어보진 못했다는 그가, 이 정의를 맞닥뜨렸을 때 어떤 마음일까. 정작 책 주인은 아무렇지 않다는데, 괜한 오지랖이 앞섰다.

"일단 말씀 감사드리고요. 기사에 이런저런 사정 잘 녹여서 쓰도록 할게요."

취재를 마무리 지을 때 응당 하는 말. 뱉어두고도 책임질 수 없는 말이지만, 잠깐 동안의 대화를 마무리하고 어색하지 않게 자리를 뜰 수 있는 간편한 인사를 건네곤 쪽방에서 일어났다. 순간 마음속엔 죄책감이 들었다. 내가 할 수 있는 건 아무것도 없으면서, 이 기사가 세상을 바꿀 수 있을 것이라곤 확신하지도 못하면서.

그렇지만 마땅히 주어진 임무를 다하니 마음은 홀가분했다. '1인분'의 노동은 한 셈. 무거운 몸을 가벼운 발걸음으로 이끌어 귀가하던 길, 또 카카오톡 알림음이 요란하게 울렸다. 국일고시원 건물주가 하창화 한국백신 회장 일가족이라는 경제지의 단독 보도[5]로 기자들의 단체 카톡방이 난리였다. 3년 전 국일고시원이 스프링클러 설치 사업 대상으로 선정됐음에도 불구하고 건물주의 반대로 설치가 무산됐다는 의혹이 일었는데 그 건물주가 하 회장 남매였다는 보도였다.[6] 건물주 남매가 사는 곳은 우리나라 최고의 부촌인 압구정 현대아파트와 도곡동의 한 아파트 였다.

강남 부촌의 재력가들이 건물 등 부동산으로 '불로소득不勞所 得'을 쓸어 담는다는 게 놀랄 이야기는 아니었지만, 그 촉수가 종 로의 국일고시원이라는 곳까지 닿아 있어서 상황에 내몰린 이들 까지 그 영향을 받으며 살아간다는 것이 믿기지가 않았다. 갑자 기 낯선 감정과 맞닥뜨렸다. 명치 속에서부터 '세상이 이래도 되 나' '무엇부터 잘못되었나' 하는 울화가 끓어오르고, 동시에 아침 부터 만나왔던 수많은 도시 빈자의 얼굴이 뒤엉켰다. 이명도, 홍 아무개…… 그리고 박선기. 이날 하루 24시간 만에, 우리 사회를 관통하는 크고 작은 착취의 굴레를 모두 목격한 느낌이 들었다.

수십억 원을 호가하는 집에 사는 재력가가 종로에 소유한 허 름한 건물, 그리고 그 건물에 들어선 말만 고시원일 뿐 '도시 쪽 방'에 가까운 닭장. 제대로 된 직업도 없어 인력사무소에서 소일 을 하며 매달 방세를 마련한 사람이 낸 그런 돈은, 흘러 흘러 압 구정 현대아파트로, 도곡동 타워팰리스 옆에 있는 그 아파트로 흘러갔겠구나. 그리고 그들과 고시원 사람들 사이에는 한강이라 는 깊고 넓은 강이 흘러 도무지 이들의 빈곤과 악다구니 물고 연장하는 삶 같은 건 전파되지 않겠구나. 보이지도 않겠구나. 관 자놀이가 지끈지끈 아파왔다.

어쩌다 박씨를 만나 취재를 하고 이야기를 나눴지만, 결국 나 는 1만 원이라는 값싼 돈에 그의 시간을 샀다(정확히 말하자면 슈 퍼마켓 주인에게 지불했다). 그는 "20년 동안 크게 방값을 올리지

2019년 5월 2일 오후 서울 종로구 창신동 쪽방촌의 골목의 풍경.

않고 이 자리에 있게 한 슈퍼 주인 부부도 너무 좋은 사람이고 이젠 친구 같다"고 덧붙였다.

그런데 동시에 나는 '이 슈퍼 주인 부부도 작은 착취의 수레바퀴를 굴러가게 하는 시스템의 공모자가 아닌가' 하는 생각이 들었다. 보일러조차 들어오지 않는 낡은 방들로 매달 200만 원 가까운 수익을 올리는 데 그치지 않고, 단돈 1만 원에 20년 동안 알아왔다던, 친구 같은 그의 가난과 사생활을 전시하는 데에 적극적이었다. 아무것도 모르는 박씨는 전기매트의 따뜻한 부분을 내어주고, 속 이야기까지 하더니 내친김에 가족 사진도 보여줬다. 차라리 이 만 원을 박씨에게 직접 주는 것이 더 도움이 되지 않았을까 싶다가도, 이런 게 자본을 가진 자 혹은 연결을 가진 자(브로커)가 응당 받아내는 보수라는 생각이 들었다. 어째 이 세상은 가지지 못한 자는 계속해서 갚아먹히고, 가진 자는 계속 쌓는, 착취로 굴러가는 세상임을 새삼 깨달았다.

물론 이때까지만 해도 슈퍼 주인 최씨가 이 쪽방 건물의 실소유주인 줄로만 알았다.

|

살아서 들어가는 관棺, 쪽방

쪽방(쪽房): 방을 여러 개의 작은 크기로 나누어서 한두 사람이 들어갈 크기로 만들어놓는 방. 보통 3제곱미터 전후의 작은 방으로 보증금 없이 월세로 운영되는 것이 일반적이다.[7]

한 사람의 개인이 인간답게 살 수 있는 집은 어떤 모습이어야 할까. 불이 난 노후 고시원에서 무연고자와 기초생활수급자 여럿이 한꺼번에 목숨을 잃어야 세상이 주목하는 세상. 쪽방에서 불이 나 주민 한두 명이 다쳐봤자, 온라인 기사로도 한 줄 밝혀지지 않는 비정한 도시의 단면. 반면 특정 지역에 '호재'가 떴다고 하면 기천만 원 현금을 챙겨 원거리 투자에 나서는 이가 있고, 필히 버려야 하는 자투리땅마저 어떻게든 고쳐 세를 놓는 건물주가 우리 이웃에 있는 세상에서 '인간답게 살 수 있는 집'에 의문을 갖는 것조차 생경하다.

놀랍게도 우리 법은 인간이 존엄하게 일상을 영위한 최소한의 충분조건으로 '최저 주거 기준'이라는 것을 두고 있다. '14제곱미터(약 4.24평)의 면적, 부엌, 전용 화장실과 목욕 시설'은 주거기본법상 1인 가구의 최저 주거 기준이다. 2015년 제정된 이 법은 "물리적·사회석 위험으로부터 벗어나 쾌적하고 안정적인 주거 환경에서 인간다운 주거생활을 할 권리를 갖는다"라며 국민의 주거권을 처음으로 법 테두리 안으로 들였다. 그저 바닥에 등을 누일 수 있고, 눈과 비바람을 피할 수 있다고 해서 인간이 살 수 있는 공간이 아니라는 의미다. 그러나 너무나도 청신하고 존엄한 이 문장은 오늘날 주거 피라미드 가장 아래에 놓인 쪽방엔 닿지 않는다.

'최후의 주거 전선' 쪽방 앞에서 최저 주거 기준은 무력하다. 집이 아닌 비非주택으로 분류되는 쪽방은 법적으로나 정책적으로나 제대로 된 정의조차 없다. '쪽방'이라는 분류는 국가 통계

2019년 현재 20년째 서울 용산구 동자동 쪽방촌에 살고 있는 이씨는 다시 스멀스멀 피어오르는 개발 소식이 두렵다. 수년 전 개발 광풍 속 집주인의 "나가라"는 한마디에 원래 살던 쪽방에서 쫓겨나야 했기 때문이다. 얼마 되지 않는 살림살이를 챙겨 7년 전 다시 자리 잡은 곳은 인근의 또 다른 쪽방. 3.3제곱미터(1평) 남짓 되는 자신의 쪽방 안에서 이씨가 TV를 보고 있다. 쪽방의 좁은 면적을 일반 렌즈로는 담기 힘든 탓에, 광각렌즈로 촬영해 사진의 가장자리가 볼록하게 왜곡되어 있다.

등에서 찾아보기 힘들고, 정부 부처와 지방자치단체는 필요할 때마다 쪽방을 그때그때 정의하는 식이다. '일정한 보증금 없이 월세 또는 일세를 지불하며 0.5~2평(1.65~6.61제곱미터) 내외의 면적으로 취사실·세면실·화장실 등이 적절하게 갖추어지지 않은 주거공간'이라는 보건복지부의 표현이 그나마 구체적인 정의다.

실체가 불분명하다보니 쪽방은 각종 법망의 사각지대다. 숙박업도 아니고 임대업도 아니어서 '공중위생관리법'이나 '주택임대차보호법'의 보호를 받지 못한다. 과거에 여관·여인숙으로 사용되다가 쪽방이 된 일부 건물을 제외하고는 대부분 '무허가 숙박업'이다. 돈의동 쪽방촌에서 만난 동네 통장은 떳떳하게 "이 동네 쪽방촌은 전부 무허가"라고 호언했을 정도다.

이렇게 합법과 불법을 판단할 기준조차 없이 애매한 공간에 사는 이가 서울에만 3296명.[8] 하지만 전문가들은 조사에서 누락된 쪽방 수가 훨씬 많을 것으로 보고 있다. 구로구 가리봉동에도, 동대문구 전농동에도 쪽방이 있지만 서울시가 조사에 포함하고 있는 곳은 종로구 돈의동, 창신동, 용산구 동자동(남대문5가 포함), 영등포구 영등포동의 쪽방뿐이다.

쪽방이 없어지면 다 해결되는 문제일까? 아니, 조금 더 근본적인 질문을 해야 한다. 쪽방은 없어져야 하는 걸까? 한 발짝만 물러서면 거리로 내몰릴 주거 난민들에게 쪽방은, 그러나 노숙을 막아줄 '방파제' 역할을 하기도 한다.

"보증금 없이 일세로도 살 수 있는 쪽방은 동시에 거리 노숙을 막는 자원으로 활용되는 게 사실입니다. 1970년대에 미국에서는 쪽방과 비슷한 주거자원인 SRO(single room occupancy)가 대거 철거되자 홈리스 인구가 크게 증가했어요."(김선미 서울 성북 주거복지센터장)

도시의 주거 비용이 가파르게 오르면서, 이제는 그 쪽방이 부족해 '현대판 쪽방'이라 불리는 고시원까지 가세했다. 판잣집, 비닐하우스, 달방(여관·여인숙의 월세방), 고시원, 쪽방 등 비주택에 사는 인구 역시 급격하게 증가하는 추세다. 2015년 기준 비주택에 거주하는 가구 수는 39만3792가구.9 10년 전인 2005년 5만7066가구에 비해 무려 7배 가까이 폭증했다. 이 가운데 81.9퍼센트는 쪽방과 고시원에 사는 이들로 추정된다.

최은영 한국도시연구소장은 "2007~2009년 세계 금융위기의 여파로 도시 빈민들이 자구책으로 쪽방에 들어가는 현상이 전 세계에서 나타나고 있지만, 우리나라처럼 폭발적으로 증가한 곳은 없다"며 "2017년 국토교통부가 '주택 이외의 거처'를 조사하면서 '당신이 사는 곳이 쪽방이라고 생각하느냐'는 질문을 더해 조사했을 때 전국적으로 7만여 가구가 '쪽방에 산다'고 답했다"고 말했다. 쪽방, 벌집, 달방, 고시원 등등 온갖 변형된 방들이 생기다보니, 중앙 부처가 규모를 파악하고 정책적으로 반영할 속도를 훨씬 상회한다.

과거 이촌향도離村向都형 쪽방과 오늘날의 쪽방은 다른 성격이라는 분석도 이어졌다. 김용창 서울대 지리학과 교수는 "오늘날 쪽방은 빈부 격차가 심해지는 상황에서 정부가 신자유주의 정책을 펼친 결과"라며 "이런 열악한 주거를 정책 대상으로 포착하는 건 국가의 당연한 의무"라고 일갈했다.

"금융위기 이후 빈민들이 자구책으로 쪽방을 마련해 사는 건
전 지구적으로 드러나는 현상이죠. 프랑스, 스페인, 호주 할 것
없이 말이에요. 중국 베이징에서는 따뜻한 맨홀 아래에 사는 '맨
홀족'이 충격을 줬고, 적절한 주거 자원이 있고 규제를 하고 있
는 영국 런던에도 템스강에는 보트에서 생활하는 하우스보트
houseboat족이 많습니다. 여러 종류의 임대주택과 셰어하우스를
만드는 것도 중요하지만, 그곳마저 못 들어가는 취약계층을 위
한 '마지막 주택 정책'이 필요한 시점 아닐까요?"

박씨의 쪽방

그의 방 안에서는 냄새가 났다. 쿰쿰한 곰팡이 냄새나, 불결함
에 일순 미간이 찌푸려지는 시큼한 땀 냄새 같은 건 아니었다. 오
랫동안 세탁하지 않은 싸구려 솜 점퍼에서 나는 텁텁한 냄새. 비
오는 날 지하철 1호선의 패브릭 의자에서 풍기는 냄새. 쪽방 주민
들의 자활을 돕는 인근 쪽방상담소에서 '석고 방향제'를 만들어
와 집 안에 대롱대롱 달아두었지만 숨길 수 없는 홀애비 냄새, 지
긋지긋한 가난의 냄새, 도시 빈민의 냄새 그리고 외로움의 냄새.

사람 한 명 겨우 누울 수 있는 방이지만 살뜰한 박씨는 좁은
공간을 짜임새 있게 쓰고 있었다. 가로로 딱 맞는 철제 2층 침대
를 방에 넣었다. 2층에는 매트리스 대신 온갖 짐을 욱여넣었다.

얼마나 짐을 많이 올렸는지 철제 침대 한가운데가 살짝 구부러져 보였다.

좁디좁은 방 안에서 물건은 놓는 것이 아니라 '거는 것'이었다. 2층 침대 아래에 네트망은 여러 개의 S자 고리로 연결된 물건을 대롱대롱 달고 있었다. 석고 방향제, 검은 비닐봉지, 파우치 등등. 온갖 USB 케이블도 매듭을 묶어 고리에 걸어두고, 손 닿는 곳에 두기 위해 먼지를 제거하는 '돌돌이 먼지 테이프'도 달려 있다. 방에 앉아 있을 때 손이 바로 닿는 곳에는 열쇠, 가위 같은 잡동사니를 달아놓았다.

2층 침대 아래 벙커에는 합판을 대서 'TV 다이(받침)'를 만들었고, 전자렌지며 생수, 전기포트, 수납 서랍 같은 것을 집어넣었다. 수평 면적으로 한계가 있는 쪽방을, 박씨는 선반과 침대 구조물을 통해 무려 1층, 2층, 3층으로 나누어서 물건을 차곡차곡 수납했다. 방 구석구석에 쌓여 있는 물건은 방치된 것인지, 질서를 갖고 있는 것인지 분간하기 힘들지만, 부지런한 박씨 성격을 볼 때 물건의 위치에는 나름의 이유가 있는 듯했다.

침대 구조물만으로 방의 절반이 가득 찼다. 나머지 절반의 공간에 박씨는 전기매트를 깔고 이불을 덮는다. 두 사람이 겨우 앉을 만한 공간. 한 사람이 누울 수는 있지만 자유롭게 몸을 움직일 수 없는 좁은 공간에서 박씨는 20년 넘게 살았다. 1층의 선반은 '백기 투항'을 선언하듯 물건을 뱉어내고 있었다. 뱉어낸 것은 노란 봉지에 담긴 커피믹스, 찌든 때가 낀 전기포트, 살충제, 온갖 약봉지. 하는 수 없이 잠잘 때는 물건들을 가장자리로 밀어가면서 자리를 만들어 눕는다.

TV로 영화 채널을 보는 것은 그가 방 안에서 누릴 수 있는 유일한 호사다. 추워서 도무지 나갈 수 없는 날을 위해 그는 TV에 투자를 아끼지 않았다. 20인치쯤 되는 TV 모니터에 케이블을 설치했다. '백색가전'이라는 분류에 맞지 않을 정도로 낡고 오래돼 누런색이 되어버린 전자레인지 역시 박씨가 일상을 영위하는 데 없어서는 안 될 물건이다. 온정의 손길로 들어오는 음식 대부분이 '레토르트 식품'이기도 하고 쪽방에선 밥을 해먹기가 어려워 간편 음식으로 끼니를 때우기 일쑤다. 물론 대부분의 가전과 전자제품은 거리에서 주워왔거나, 쪽방상담소 도움으로 채워넣은 것들이다.

"아저씨, 잘 계셨어요?"

대낮부터 불쑥 쪽방으로 들이민 얼굴. 박씨는 화들짝 놀라면서 바지춤을 주섬주섬 추슬렀다. 아마 당황스러웠던 것은 옷매무새 때문이 아니라, 같은 기자를 한 달쯤 뒤 다시 볼 거라고 생각지 못했기 때문일 터. 아주 잠깐 머뭇거리던 그는, 어색하게 자신의 뒤통수를 만지작거리고는 기자를 맞이했다. 건물에서도 가장 구석에 있는 박씨의 방. 아주 사적인 공간을 침범한 것이지만, 찾는 이 하나 없는 쪽방 사람에겐 그 무례함마저 기꺼워 보였다.

"오랜만이에요. 웬일이에요? 한 번 왔던 기자가 또 오는 일은 없었는데……."

문을 열자마자 희뿌연 연기가 뭉게뭉게 밖으로 빠져나왔다. 전자레인지와 전기포트가 누런 까닭이 있었다. 그래도 한 번은 본 사이라고 "아저씨, 불이라도 나면 어쩌려고 방에서 담배를 피우세요"라고 너스레를 떨면서 방 안으로 들어갔다. 박씨는 "추워서 어쩔 수 없었다"며 멋쩍게 웃었다. 방 안을 가득 채운 연기를 손으로 휘휘 내저으며 냅다 전기매트 위에 앉았다. 물론 방문 목적은 있었다. 그에게 얻어야만 하는 멘트가 있었다. 2018년 12월 9일, 이날은 일명 '올겨울 들어 가장 추운 날', 즉 '한파 속 쪽방촌' 기사를 쓰는 날이었다.

반가운 기색과 달리 박씨의 얼굴엔 병색이 완연했다. 파란 상의에 연두색 조끼를 겹쳐 입고, 두툼한 극세사 이불을 덮고도 쿨럭쿨럭 기침을 멈추지 못했다. TV 모니터 앞에는 '기침감기약'이라는 글씨가 큼지막하게 쓰인 약봉지가 놓여 있었다. 꽤 여러 날 먹을 약을 지었는지 종이봉투는 여유 없이 빵빵했다.

"아니, 그런데 방이 왜 이렇게 추워요?"

아저씨와 눈을 마주치면서도 손바닥은 연신 바닥을 더듬었다. 온기라곤 조금도 느껴지지 않는, 말 그대로 냉골이었다. 미닫이 문 틈새로는 차가운 바람이 숭숭 들어왔고, 실내라고는 믿기지 않을 정도로 방 안에서는 입김이 피어 올랐다.

"감기 걸리셨어요?"

"몇 주 동안 떨어지지 않네요. 병원에 가보고 주사도 맞고 별짓을 다 했는데도 안 떨어져요. 쪽방에 살면 매년 감기 걸리는 거야 익숙한 일이죠. 추워서 방 안에만 박혀 있는데 안 아플 수가 있겠어요."

"20년쯤 사셨다면서요. 그동안 이렇게 추운 겨울을 나신 거예요?"

"보일러가 아예 없는 건 아니고, 땔 때도 있었지. 그런데 10년 전쯤 기름값이 갑자기 올랐는데, 그때부터 안 틀어주더라고. 10년 동안 보일러를 안 켰으니 아마 고장이 나도 예전에 났을 거예요."

"난방을 해달라고 하진 않으셨어요?"

"춥다고 난방 해달라고 했다가, 월세가 오르기라도 하면. 아니면 집주인이 마음에 안 든다며 나가라고 하기라도 하면 낭패잖아요. 10년 전이야 나이가 50대고 아픈 곳도 별로 없으니, 괜히 마음에 들지 않는 소리 해서 쫓겨나는 것보다 꽁꽁 싸매서 추위를 참는 게 낫다고 생각했어요."

"아니, 아무리 그래도 그렇죠. 저번엔 난로도 못 쓰게 한다면서요."

"그래서 아침에 일어날 때마다 코가 언 것 같아요."

"그럼 씻는 건 어떻게 해결하시는데요?"

"여기서 걸어서 한 100미터 떨어진 곳에 '디딤돌하우스'라고 있어요. 거기 공용 세탁실이랑 샤워장이 있는데 따뜻한 물도 잘 나와서 항상 거기 가서 씻어요. 얼마 전까진 거의 매일 가서 씻었는데 오늘처럼 춥고 아프면 차라리 안 씻고 방에만 박혀 있지. 다 씻고 집으로 돌아오는 길에 머리에 피부가 꽝꽝 얼어버릴 것만 같다고."

기사를 쓰기 위해 안성맞춤인 멘트와 상황, 그리고 팩트들이 쏟아지고 있었지만, 펜을 쥐고 있는 손은 미동을 하질 않았다. 자세를 고쳐 앉고 그를 마주 보면서 '언제부터 아팠는지' '병원은 다녀왔는지' 하는 것들을 물었다.

기사 마감으로 급했던 태도가 왜 한순간 바뀌었는지 그 이유는 명확하지 않지만 그를 단순히 가난해서 불쌍한 이, 처참한 생활을 견디는 이로 소비하고 싶지 않다는 마음이 들었다. 국일고시원 화재 이후 목격한 우리 사회의 크고 작은 착취를 자각하면서, 그를 역사적·계급적·구조적 관점으로 쪼개어 바라보게 된 걸까. 쪽방촌 주민은 사회에 구축된 공고한 피라미드 구조 가장 아래에서, 그나마 피라미드 밖으로 더 밀려나지 않기 위해 버티는 삶을 하루하루 연장하며 살아간다. 그리고 그 개인에게 가난할 이유가 있어서가 아니라, 가난하게 만들었기 때문에 가난하게 늙었다.

"어깨도 아프고 추워서 일을 거의 못 나가고 있는 게 제일 걱정이에요. 난 겨울이 너무 싫어요. 추운 것도 추운 거지만, 겨울엔 공사가 없잖아요. 일도 잘 없어요. 공사 현장에 가서 목수로 일하면 일반 잡부보다 일당을 두 배는 더 받는데, 이젠 가릴 처지가 아닌 것 같아요. 봄이 오면 바로 인력사무소에 가서 잡부로라도 일을 좀 받으려고요."

춥고, 아프고, 일하지 못하는 것만으로는 설명할 수 없을 정도로 박씨의 얼굴엔 근심이 가득했다. 통증 때문에 대화 내내 어깨를 만지작거리던 그는, 그 한 달 사이 방세가 22만 원에서 25만 원으로 3만 원 올랐다고 했다. 누군가에게는 고작 3만 원일 수 있지만, 쪽방 주민에겐 10퍼센트가 넘는 급격한 인상율이다. 게다가 그가 받는 주거급여(기초생활수급비)는 21만3000원. 2020년이면 23만3000원으로 오르지만, 집주인은 주거급여가 오르는 상승 폭보다 더 가파른 폭으로 월세를 올려버렸다. 지난달 월세도 일을 나가지 못하는 바람에 밀려서 그는 불편한 몸을 이끌고 동네 소일거리를 하며 번 돈으로 가계비를 맞춰보고 있다.

"그래도 동네 사람들이 사정을 많이 봐줘서 역 앞 가방 집이 문을 닫을 때 도와주고 용돈 정도 벌고 있어요. 일주일에 4일 나가고 5만 원을 받아요. 다행히 여름에 쪽방상담소에서 주선해준 일로 70만 원 정도 벌 일이 있거든요. 그게 입금되면 16일에 월세 내는 날인데 밀린 것까지 다 낼 수 있겠죠. 남은 겨울이 막막하긴 하지만……."

"아니, 대체 집주인은 어떻게 이런 방에 그 정도 월세를 받을 수가 있어요. 난방도 안 해주고 집도 안 고쳐주는데, 25만 원이 다 뭐예요? 그거 다 모으면 20년 동안 5000만 원은 됐겠어요."

"그러게요. 처음 왔을 때 월세가 17만 원이었는데, 요새 들어서 갑자기 많이 올랐어요."

"집주인이 저번에 만난 슈퍼 아줌마예요? 이 건물에 같이 살아요? 이렇게 사는 걸 보고도 아무렇지도 않대요?"

"아니에요. 그 집 사람들은 우리 건물 관리자예요. 집주인 대신 월세 받아주고, 공실 관리하고……. 대신 월세 안 내고 계속 하고 있는 거죠. 집주인은 다른 데 살고, 월세 수금할 때나 온다나봐요."

한 달 전, 넉넉한 인상으로 비타민 음료를 품에 안기며 이 방으로 안내한 슈퍼 주인의 얼굴이 떠올랐다. 건물에 붙은 '월세방 있음. 문의: S 슈퍼'라 적힌 종이 때문에, 그가 집주인일 줄로만 알았지, 건물주는 따로 있고 '부재지주不在地主'를 대신해 관리를 전담하고 있을 줄은 꿈에도 상상하기 힘든 일이었다.

"집주인이 누군지는 알아요?"

"집주인은 우리를 만난 적도 없어요. 사는 동안 딱 한 번 볼까 말까 했다니까. 그 며느리가 월세 수금하려고 골목을 왔다 갔다 하는 건 한번 봤지. 그런데 워낙 동네가 좁으니까 어떤 사람인지는 얼추 들었죠."

기사를 마감해야 한다는 것도 잊은 채 본능적 호기심에 이끌려 이런저런 질문을 쏟아냈다. 박씨가 이어간 답은 들을수록 기묘했다. 한 달에 한 번, 집주인의 며느리가 월세를 수금할 때만 볼 수 있을 뿐 쪽방 실소유주를 제대로 만나본 적이 없다는 것. 월세를 직접 수금하지도 않고, 건물마다 '중간 관리인'을 둔다는 것. 난생처음 들어보는 세상에 드러나지 않은 쪽방촌 생태계의 작동 원리였다.

"집주인은 누군데요? 어떤 사람이에요?"

"사실 이 골목에 있는 쪽방 건물은 모두 우리 집주인 거예요. 그 집 가족들은 돈을 모아 근처 역세권에 빌딩도 하나 세웠다니까요."

'집주인', 이 한 단어가 유리 조각처럼 머릿속에 콕 박혔다. 아니, 머리를 세게 망치로 맞은 듯했다. 너무 놀라 입이 벌어졌다.

그때까지만 해도 방 안이라고는 믿을 수 없는 추위에 어깨를 한
껏 쪼그리고 있었지만, 박씨의 이 한마디에 허리를 곧추세우고
자세를 바로 고쳤다. 쪽방촌을 바라보는 시선을, 빈곤에 대한 고
민을 처음부터 다 뜯어고쳐야 할 것 같은 예감이 스쳤다.

중요한 건 '장면'이 아닌 '구조'였다. 왜 이 고민을 선행하지 못
한 채 나는 글을 쓰고 있나. 놀랍고, 경악스럽고, 괴롭고, 막막한
온갖 감정이 내면으로 쏟아져 들어왔다. 결정적으로 이런 생태
계는 오래 산 사람이 아니고서야 눈치채기 힘들고, 내부 사람이
아니고서야 문제로 드러나기도 쉽지 않았다.

고개를 조금만 돌려도 쪽방은 개인이 '인간답게' 살 수 있는
공간이 아님을 알 수 있다. 겨우 한 사람 누울 수 있는 공간은
보일러도 없어 난방이 되지 않았다. 공동수도에서는 냉수만 쏟
아졌다. 타지에 사는 건물주는 안전 관리는커녕 기본적인 수선
의무도 다하지 않아, 행정 당국에서 세금을 들여 땜질식 수리를
해주고 인근 교회나 쪽방상담소에서 뻗는 온정의 손길로 어설프
게 사람이 사는 거처의 형상을 갖춰가는 곳. 이런 곳에서 세입
자는 노숙을 겨우 면한 대가로 매달 22만8188원(서울시 평균)을
세로 낸다.[10] 폐가에 가까운 건물의 수리는 당국의 세금으로 하
고, 세입자에게 받는 면적 대비 월세는 강남 타워팰리스 월세의
수배에 이르는 쪽방, 그 이면에서는 세를 모은 건물주들이 빌딩
을 세우고도 남을 부를 증식하는 이 황당한 상황이 창신동만의
사례는 아닐 것이라는 직감이 들었다.

쪽방촌의
빈곤 비즈니스

강씨 일가

　몇 시간 동안 같은 행동을 반복하고 있었는지는 기억이 나질 않는다. 하지만 새벽 내내 노트북에 뭔가를 입력하면서 씨름을 하고 있었다. 박씨를 만나고 돌아온 그날, 잠들기 위해 침대에 누웠지만 심장이 쿵쾅거려 뜬눈으로 밤을 새우길 여러 시간이었다. 아마 오전 1시쯤까지 말똥말똥한 눈으로 양의 마리 수를 세거나, 명상 음악을 들으면서 잠에 들기를 재촉하고 있었을 것이다. 미처 상상하지도 못한 쪽방촌 생태계에 대한 분노와, 기자라면 욕심이 생길 수밖에 없는 '좋은 기삿거리'가 생겼다는 두근거림이 뒤엉켜 잠들 수 없었다.

결국 이불을 박차고 일어서 노트북을 켰다. 딱 하나만 사실로 확인되면 되었다. '사실 이 골목에 있는 쪽방 건물은 모두 우리 집주인 거예요. 그 집 가족들은 돈을 모아 근처 역세권에 빌딩도 하나 세웠다니까요.' 귀에 콕 박힌 문장이 귓바퀴 근처에서 윙윙 맴돌았다. 적어도 이 말에 근거가 있다면, 후련한 마음으로 잠들 수 있을 것 같았다.

몇 시간이 걸리는 일일지도 계산하지 않고 다짜고짜 '우리 집주인'의 실체를 규명하기 위해 박씨가 사는 쪽방 건물의 등기부 등본을 가장 먼저 열람했다. 박씨가 사는 집의 실소유주는 '정선심'.[11] 60대 여성이었다. 같은 동네라고는 할 수 없지만, 옆 동네에 살고 있었다. 다른 창에는 지도 서비스를 띄워두고 종로46가길을 따라 박씨 쪽방 인근 건물들의 주소를 하나씩 정리했다. 그렇게 인근 15곳 건물의 등기부 등본을 열람하며, 등본상에서 확인할 수 있는 소유권과 채무관계에 대한 정보를 스프레드시트에 차근차근 기입했다. 건물 주소, 현재 소유주의 이름, 주소, 등기 연도와 원인 등.

지난한 작업이 이어졌고 해 뜰 시각이 가까워오고 있었지만, 모니터를 아무리 뚫어져라 쳐다봐도 100셀가량의 데이터는 아무것도 말해주지 않았다. 밖에서는 새가 지저귀는 소리가 들렸다. 허탈함이 몰려왔다. 언제 본 사람이라고 박씨를 깊게 믿었나, 동네에 떠돌아다니는 소문에 설레어서 하루를 몽땅 망쳤다는 자괴감이 엄습했다. 포기하자며 모니터를 덮기 전에 마지막으로 새벽 내내 고군분투한 스프레드시트를 살펴봤다.

요주의 인물 '정선심'은 단 두 곳의 등본에 이름을 올리고 있을 뿐이었다. 박씨의 쪽방 바로 옆집을 '강병선'이라는 인물과 함께 소유하고 있었다. 하지만 그렇다고 해서 사업 수준으로 쪽방을 매집해 오갈 데 없는 쪽방 주민들의 처지를 이용해 폭리를 취하고 있다는 판단을 섣불리 내릴 수는 없었다. 박씨의 말마따나 이 골목의 실소유주 가운데 정선심을 제외하고는 한 사람이 여러 채를 가지고 있는 정황이 조금도 드러나지 않았다.

'S 슈퍼' 건물의 등본을 재검토했다. "쪽방 관리를 해주는 대신 세를 내지 않고 장사를 한다"던 말이 기억났기 때문이다. 소유주는 1960년대 후반생인 강병철이었다.

졸린 눈을 하고 멍하게 모니터를 응시하던 차에 번쩍 정신이 들었다. 분명 비슷한 이름을 본 적이 있는 것 같았다. 스프레드시트의 '소유주 이름' 열을 살피기 위해 화살표를 누르던 속도가 빨라졌다.

강병철…… 강병철……

강병선. 정선심과 함께 옆집 쪽방을 절반씩 소유한 사람의 이름이 '강병선'이었다.

이상하게도 이 골목에는 유독 '강'씨가 많았다. "한 사람이 건물을 다 가지고 있다"는 문장에 집착해 간과한 사실이 있었다. 만약 이 구역 건물을 몽땅 가지고 있었던 한 사람이 있었고, 이를 어느 순간 자녀들이나 배우자에게 물려줬다면.

강씨가 흔하지는 않지만, 그래도 특이하다고 할 수는 없는 성이라 성이 같다고 해서 모든 퍼즐 조각을 끼워 맞추듯 할 순 없는 노릇. 하지만 강씨에다가 이름 항렬이 '병'인 사람은 쉽게 찾을 수 없을 것이다. '형제' 혹은 '남매'라는 심증이 커졌다.

박씨네 쪽방 건물주 정선심.

박씨네 쪽방 기준 오른쪽 이웃집의 건물주 정선심과 강병선.

박씨네 쪽방을 관리하는 'S 슈퍼' 건물주 강병철.

박씨네 쪽방 맞은편 건물주 강병식.

거기에 더해 과거에 쪽방으로 이용하다가 최근 게스트하우스로 리모델링한 건물 소유주 강병은. 드러난 것만 해도 강씨 4명에 정선심까지 다섯 명이 가족인 것으로 추정할 수 있었다. 게다가 건물에 걸린 근저당권자의 이름에도 이들의 이름이 뒤엉켜 있었다. 작업에 속도가 붙었다. 이들은 주로 이 일대에 주소지를 올리기도 하고, 다른 동네로 옮기기도 했지만 1980년대 후반 매매나 증여의 형태로 소유권을 갖게 됐다. 아마 그 시기 즈음 이 모든 건물을 가지고 있었던 부모로부터 증여, 상속받거나 가족 간 매매를 한 것일 가능성이 높았다.

안타깝게도 '등기부 등본'은 가족관계를 명징하게 드러내는 자료는 아니다. 자녀 관계, 부부 관계 등을 확실하게 말해주는 가족관계증명서는 본인이어야 발급받을 수 있다. 마음속으로는 이미 이들이 가족 비즈니스 수준으로 쪽방을 운영하고 있다는 심증이 확고하게 자리잡았지만, 심증만으로 기사를 쓸 순 없다. 이 정도 근거를 가지고서야 데스크는커녕 나 스스로도 확신시킬 수 없었기에, 더욱 구체적이고 직관적인 팩트가 필요했다. 그렇다고 현장에 무턱대고 가는 게 능사도 아니었다. 모든 사실관계를 완벽하게 파악하지 못한 채로 '확인'을 위해 관계자를 찾았다가는, 말실수 하나에 모든 게 어그러질 수도 있었다. 졸음이 쏟아졌지만, 칼을 뽑은 이상 무라도 썰어야 한다는 생각으로 밑그림을 더 성실하게 그렸다.

다른 정보에 매달릴 수밖에 없었다. 등기부 등본의 소유주 '주소'가 유일하게 남은 정보였다. 분명 이들이 가족이라면, 같이 살고 있을 가능성이 없지 않고 게다가 이를 실마리로 다른 가족들이 더 있는지 살펴볼 수 있을 테다. 물론 등본에 나온 실소유주 주소들은 '등기를 칠 당시'의 주소이기 때문에 현재 주소지 변동 여부가 반영되지 않았을 가능성이 크다. 그리고 실제로 살지 않으면서 주소지만 올려둔 경우도 간과할 수 없다. 그렇지만 기댈 곳이 없었다. 강씨 4명과 정선심이 등장하는 주소를 모두 수집해 정리했다. 의문이 드는 지점마다 정리하고 공통점을 비교해보고, 건축물대장이나 등본을 또 떼어보고 정리하고 다시 살펴보는 지난한 작업이 이어졌다. 단 하룻밤 사이의 일이다.

'서울시 종로구 △△동 ＊＊―＊＊'

집요한 추적 덕일까. 노력이 가상해 하늘에서 내려준 우연인 걸까. 그것도 아니라면, 만 3년도 되지 않은 병아리 기자도 꼴에 기자라고 나름의 직관이 샘솟아버린 걸까. 여러 차례의 검색, 분류, 필터링 끝에 나온 이 주소가 무언가를 말해주리란 것을 직감했다. 우선 강씨 일가의 여러 명이 창신동 쪽방촌 옆 동네인 이곳에 주소지를 올려두고 있었다. 또, 박씨가 사는 쪽방 왼쪽 이웃집 소유주 '최정자' 역시 주소지가 같았다. 최정자도 강씨 일가의 일원일 가능성이 커졌다.

이미 밖에는 출근하는 사람들과 버스 다니는 소리가 들리기 시작했다. 이대로 아무것도 아닌 게 되면 무척이나 억울할 것 같았다. 아니, 사실은 분명히 이 주소에서 승부수가 갈리리라는 걸 알았다. 강력한 심증이 있었고 후련하게 확신할 수 있게 된다면 어디 한번 필사적으로 취재해보리라. 간절한 마음으로 이날의 마지막 건축물대장과 등기부 등본을 열람했다.

강병선, 강병식, 강병철, 강병윤, 강병연, 강병은.

1996년에 건축 승인을 받은 역세권 소재 지하 1층, 지상 5층의 건물. 우애 좋은 가족이 쪽방 주민의 고혈을 빨아 쌓아 올린 빌딩의 건축물대장과 등기부 등본에는 남매 6명이 '소유주 칸'에 이름을 한꺼번에 올리고 있었다. 그토록 찾아 헤맸던 정보지만, 눈앞에 펼쳐진 사실이 믿기지가 않았다.

기쁜 마음도 잠시, 참담함이 몰려왔다. 서울의 주거 비용이 높아지면서 '지옥고(지하방·옥탑방·고시원)'로 주거 취약계층이 내몰린다는 건 익히 알려진 현상이었지만, 그야말로 노숙과 주거의 경계에 놓인 쪽방이라는 최저 주거 전선에서 '가족 비즈니스' 형태로 월세 장사가 이어지고 있다니. 그야말로 고장나고 병든 자본주의의 민낯을 보는 기분이었다. 아직까지 쪽방으로 사용되고 있는 다섯 채의 건물에서 얼마를 벌어들이는지 어림값으로만 추정해도 매달 1400만 원(건물당 평균 쪽방 개수에 평균 월세를 곱한 값)의 현금 소득을 챙긴다고 볼 수 있었다.

박씨의 말이 맞았다. 쪽방은 그 일가의 '가족 사업'이었다.

첫 퍼즐 조각을 맞춘 이후 취재는 한 달 가까이 진전이 없었다. 매일 밀려드는 일과들로 짬짬이라도 취재할 여력이 없었고, 1순위 아이템이 들어 있는 마음속 서랍을 언제 열 수 있을지 기약이 없었다. 게다가 취재에 돌입하기에는 아주 작은 실마리 하나만 건졌을 뿐이었다.

수사 기관의 수사 단계로 비유하자면, 한 달 전 새벽 내내 강씨 일가의 쪽방 소유 관계를 끙끙거리며 밝혀낸 것은 겨우 '내사內査' 단계에 불과했다. 어떠한 첩보를 듣고, 이게 수사할 거리가 되는지 살펴보는 수준일 뿐. 분명 빌딩의 존재가 뇌리에 박혔던 때에는 엄청난 카타르시스에 사로잡혔지만, 여전히 기사를 쓰기에는 부족했다. 겨우 하나의 사례에 불과한 상황에서 전체를 드러내기 위해선 더 촘촘한 설계가, 더 많은 단서가 필요했다.

그러나 계기는 정말로 우연히, 예기치 않게 찾아왔다. 연말 송년회 겸 모인 식사 자리에서 한 시민단체 관계자로부터 들은 말이었다.

"얼마 전 ○○구의 높은 사람을 만났는데, 쪽방촌에 대해 가지고 있는 문제의식이 대단하더라고요. 쪽방을 갖고 있는 사람들이 상당한 재력가인 것은 두말하면 잔소리고, 주민들을 위해 지자체가 뭘 하려고 하면 그렇게 민원을 넣고 결사반대한대요.

시청이 시설 지으려고 건물을 사려고 하면 알박기를 해서 방해하질 않나. 구청이 국일고시원처럼 불나고 사람들이 떼로 죽을까봐, 안전 설비를 갖추라고 하면 모르쇠로 일관한다나봐요. 그렇다고 구청이 '고치라'고 세게 나가면 이게 또 압력이 돼서 세입자들이 쫓겨날 수도 있고 해서, 하는 수 없이 구청이 소화기 설치해주고, 고장난 곳은 고쳐주고 그러는데 답답한 데가 한두 군데가 아니래요. 결국 우리 세금이 다 집주인에게로 흘러 남 좋은 일만 시키는 형국이잖아요. 사석에서 그분은 '정말 다 밀어버려야 한다'고까지 말하더라니까요."

창신동 쪽방촌에서 발견한 이야기를 입에 담지도 않았는데, 여러 인사가 비슷한 고민거리를 갖고 있다는 걸 우연찮게 알게 된 날. 이건 '창신동'만의 이야기가 아닌 쪽방촌 전체의 문제, 아니 빈곤을 대하는 우리 사회의 곪디곪은 문제라는 것을 직감했다. 이왕 도려낼 것이라면, 환부를 싹 다 도려내야 했다. 무엇보다 집주인 개개인을 탓하는 게 아니라, 가장 내몰린 이들의 빈곤마저 하나의 상품으로 취급하는 악탈적 자본주의와 이를 용인하는 우리 사회 분위기에 경종을 울려야 했다.

그리고 2019년 1월, 사회부를 떠나 장기 취재를 할 수 있는 '기획취재부'로 인사가 나서 시간 여유가 더 생겼다. 점심을 먹으면서 "쪽방촌의 실소유주를 다 찾아보고 싶다"는, 당시로서는 터무니없는 포부를 듣고도 팀장은 격렬하게 호응해주었고, 입부 1개월도 되지 않은 막내 기자는 벌써 무언가를 다 밝혀낸 듯 하루하루 풍선을 탄 기분으로 출근을 했다.

관심은 자연스럽게 서울시 전체 쪽방촌으로 옮겨갔다. 최근

3년간 쪽방에 대해 나온 언론 보도를 꼼꼼하게 살피던 중(10개 중 9개의 보도는 특정 기업이 온정의 손길을 베풀었다, 정치인이 방문했다 따위의 보도자료에 기반을 둔 기사들이었다) 서울시가 매년 '서울시 쪽방 밀집지역 건물실태 및 거주민 실태조사 결과보고서'를 발간한다는 것을 알게 됐다. 200페이지가 넘고, 쪽방에 거주하는 주민 3183명(2018년 12월 말 기준)의 주거 환경 등을 정성적, 정량적으로 꼼꼼하게 조사한 자료. 필경 서울시가 따로 관리하고 있는 '쪽방 리스트'가 있으리라는 생각이 들었다.

담당 공무원은 완고했다. 도대체 기자한테 '쪽방 전체 주소지'가 왜 필요하느냐는 상식적인 반문이었다. "실소유주를 다 따져보려고 그런다"고 솔직하게 말했다간 첫 단계부터 철문으로 봉쇄될 가능성이 컸다. 여러 차례의 정보공개청구로 압력을 넣고, '주거복지'에 항상 관심이 많다는 정의감을 드러내 보이기도 하고, 혹은 이 주소지를 얻지 못하면 얼마나 곤란한 처지에 놓일 수밖에 없는지 '다 같이 월급 받는 사람들끼리 이러지 맙시다' 하는 동정심에까지 호소하면서 겨우겨우 서울시가 가지고 있는 318채 쪽방 건물의 주소를 모두 입수했다. "서울시에서는 쪽방을 소유한 이들에 대한 조사도 따로 하고 있는지"도 물었으나 '서울시 자활지원과에는 쪽방 소유자에 대한 조사 자료가 없음을 양해하여주시기 바랍니다'라는 건조한 답을 받았다.

고작 몇 킬로바이트에 불과한 파일을 받으면서 허무함과 동시에 뿌듯함이, 그리고 '아무도 하지 않은 일을 처음으로 한다'는 두근거림이 요동쳤다. 서울 시내 쪽방촌 건물 실소유주들의 면면은 어떨까. 처음으로 세상에 무언가를 드러낸다는 설렘과 부담감이 들숨과 날숨에 뒤섞였다.

|

벗어날 수 없는 쪽방의 굴레

'빈곤 비즈니스.'[12]

빈곤층을 대상으로 하되, 빈곤을 벗어나는 데 기여하는 것이 아닌, '빈곤을 고착화'하는 산업. 가뜩이나 돈 없고 오갈 데 없는 이들의 곤궁한 처지를 이용해, 마땅한 노력 없이 불로소득으로 폭리를 취하고 자신들의 배를 불리는 데에만 관심을 보이는 행태. 세계 금융위기로 타격을 입은 일본에서 도드라졌던 대표적인 불황형 경제 범죄가 2019년 한국 쪽방촌에서 재현되고 있었다.

정상 가족, 정상 주거만을 사회적 규범으로 받아들여온 세상에서 '쪽방'은 소위 그 삶이 얼마나 처참한지를 드러내는 '빈곤 포르노'의 소재로만 쓰였을 뿐, 어찌된 연유로 쪽방에 살게 되었는지, 왜 벗어나지 못하는지, 일을 하는데도 왜 가난은 더 가난한 이들에게 찰싹 붙어 떨어지지 않는지를 우리는 질문한 적이 있었나. 그나마 워낙 수가 많은 고시원은, 사법고시 폐지 등으로 젊은 청년들이 빠져나가고 있는 것으로 언론 보도가 되고 있으나 쪽방촌은 '특별한 비극'이 없는 이상 외부인이 찾지 않는 도심의 '갈라파고스'처럼 남아 있었다.

쪽방은 사라져야 하는 곳인가. 인류사에서 단 한 번도 해결된 적 없는 난제인 '빈곤'. 이런 납작한 질문으로는 결국 '철거냐, 존속이냐' 하는 일차원적 해법밖에 도출하지 못하게 된다. 쪽방에 사는 사람들의 비참한 삶과, 이를 이용해서 돈을 버는 사람들과는 별개로, 빈곤 문제를 다룰 때 쪽방이 갖는 효용이 없지는 않다. 주거비 지불 능력이 없는 쪽방 주민과 노숙인들에게는 낮은 임대료만큼이나 '보증금이 없는 것'과 '유연한 계약 기간'이 중요한데, 쪽방은 매월 계약을 하고, 또는 일세日貰를 내며 살 수 있다.

이동현 홈리스행동 상임활동가는 "쪽방과 고시원이 노숙으로 떨어지지 않게 하는 '그물'이자, 노숙에서 벗어날 수 있는 '발판'으로 기능하는 측면이 있다"며 쪽방의 기능을 일부 긍정했다.

"홈리스가 거리에서 바로 임대주택을 신청할 수 있을까요? 우리 행정 체계상 주소지가 없으면 임대주택 입주가 불가능합니다. 그렇기 때문에 '더 나은 삶'으로 상향하고자 주소지를 얻기 위해서라도 홈리스들은 쪽방에 들어갈 수밖에 없어요."

문제는 쪽방을 이용한 약탈적 임대 행위다.

"저는 쪽방 자체의 기능을 부정하진 않아요. 문제는 지금의 쪽방촌이 사람이 살 만한 주거 환경을 제공하지 않으면서, 노숙에 내몰릴 처지를 이용해 불법 수익을 얻는 건물주들의 약탈적 임대 행위가 계속되고 있다는 점입니다. 절대 약자인 주민들은 건물주나 관리인의 '나가라'는 한마디에 쫓겨나는 주거 불안에 계속 시달리고 있고요. 상황이 이런데도 이젠 쪽방마저 부족해 요즘은 고시원에 사는 사람이 크게 늘고 있어요."

쪽방이 부족해 고시원이 넘쳐나는 세상, 2019년 대한민국 서울.

그럼에도 이 활동가는 쪽방이 제 나름의 기능을 하기 위해서는 사람들이 '흘러야' 한다고 했다. 법적 기준 미달의 공간임에도 불구하고, 나름의 역할을 찾는다면 하루하루 먹고사는 이들이 보증금과 계약 기간 없이 유연하게 보따리를 풀고 생업에 종사하면서, 매달 5만~10만 원이라도 모아서 더 나은 주거, 예를 들면 월세방이나 임대주택이라도 신청할 여지를 준다는 데에 순기능이 있다는 것. 이론상으로야 좋지만 현실에서 이런 역할을 하는 쪽방을 목격할 수 없는 것은, 지금의 쪽방이 사람들을 흐르게 하지 못하고 '주저앉혀'버린다는 점에 있다. 2018년 기준으로 서울 시내 쪽방 주민들은 평균 11.7년 동안 쪽방촌에 머물고 있다.

7년 전, 30대의 젊은 나이로 3년 동안 노숙생활을 했던 이경수(가명·43)씨는 노숙인 센터를 거쳐 영등포 쪽방촌에 정착하게 됐다고 한다. 당시 수중에 갖고 있었던 자활비는 39만 원뿐. 방세로 25만 원을 내고 나면 14만 원으로 가계를 꾸려야 했지만, 임시 센터에서 노숙인들과 서너 달 섞여 있다보니 '이렇게 살면 안 되겠다'는 생각이 치밀어 센터를 뛰쳐나와 쪽방을 얻었다. 여전히 쪽방을 벗어나지 못해 불안한 가계를 꾸려나가지만, 숨 돌릴 여유가 생기자마자 주변 쪽방 주민들을 위해 국수 봉사 등을 하러 다닌다.

고생 가득했던 세월의 흔적이 얼굴에 모두 남아 있어서인지,

그는 왕성하게 활동할 40대로는 보이지 않았다. 길에서의 고생으로 앞니가 여러 개 빠져버렸지만 제대로 치료를 받지 못해 흉한 모습으로 남은 치열 때문에 원래보다 나이가 훨씬 들어 보였다.

2019년 4월, 영등포 쪽방촌에서 일어나는 '빈곤 비즈니스'에 대해 말해주겠다던 이씨는 한사코 지하철로 다섯 정거장은 떨어진 곳에서 기자를 만나야겠다고 했다. 워낙 소문이 잽싼 동네라, 조금 먼 곳에서 만나는 게 좋을 것 같다고 덧붙였다. 자전거를 타고 영등포구 내 한 카페에서 만난 이씨는 "올해만 해도 영등포 쪽방촌에서 5명이 죽어나갔다"는 말로 입을 열었다. 구체적으로 지명과 번지수까지 말하면서 사각지대에서 일어나는 온갖 불법과 폭력에 대해 낱낱이 폭로했다.[13]

"261-1번지가 가장 악랄해요. 이 집은 주인이 같이 사는데, 그 사람이 실제 소유주인지 관리인인지는 잘 모르겠어요. 예전엔 그 건물에 장애인이 3명 정도 살았거든요. 기초생활수급비를 받는 사람들이었는데, 매달 20일인가, 그쯤 되면 통장에 또박또박 장애인 연금, 주거급여, 기초생활수급비 이런 것들이 한 달에 110만 원 정도가 들어오나보더라고요. 장애인들의 통장을 빼앗아뒀다가, 수급날만 되면 '돈 찾으러 가자'며 은행에 데리고 가서 그 돈을 싹 빼요. 그러고선 '이건 방세' '이건 공과금' '이건 밥값' 이러면서 한 10만 원쯤 돌려줘요. 그런 사람이 영등포 쪽방촌에 제가 아는 것만 해도 두 명이에요. 자세하게 밝힐 수는 없지만."

이씨는 구체적으로 지도를 그리면서까지 어떤 집에서 일어났던 일인지를 증명해 보였다. 며칠 뒤 관할 주민센터에 가서 담당

쪽방촌은 법의 사각지대에 놓여 폭력과 죽음의 냄새가 다른 곳보다 더 일상적인 풍경이 되고 있다.

공무원에게 확인한 것도 이와 다를 바 없었지만, 공무원은 "수급비 강탈이 드러나지만 않을 뿐, 이런 동네에선 비일비재한 일"이라며 대수롭지 않게 말했다.

"더 악랄한 건 뭔지 알아요? 이 사람들은 장애인이 들어오면 들어올수록 더 좋아하는 거예요. 아무리 장애가 있어도 자기가 갈취당하고 있다는 것쯤은 눈치챌 수 있어요. 그래서 같은 동네 다른 쪽방으로 옮기면, 또 기막히게 알아내서 다시 데려오고 한다니까요. 완전 '봉'이에요. 제가 참다 참다못해 그 집에 가서 '이런 식으로 집 장사 해먹으려면 이 사람을 경찰서에 데려가서 조사하도록 하겠다'고 엄포를 놨어요."

결국 같은 쪽방 건물에 살던 장애인 세 사람 중 두 명은 개인적인 일로 병원에 입원하고 한 명은 서울역 노숙인쉼터로 터전을 옮기고 나서야 끝날 기미가 보이지 않던 착취의 끈은 끊겼다.

7년 동안 영등포 쪽방촌에 살면서 이씨는 어느 정도 '주거 상향'을 이뤘다고 자부했다. 아주 열악한 방은 보증금 없이 20만~25만 원 선, 그래도 어느 정도 살 만한 곳은 30만~35만 원, 좋은 곳은 40만 원짜리도 있는데 자신은 40만 원짜리에 산다며 의기양양한 목소리를 냈다. 처음 터를 잡은 곳이 25만 원이었으니, 그래도 그 동네에서는 가장 상층부에 있는 셈이다. 여유가 생기면서 주변 사람들을 살펴보기 시작했고, 그렇게 관찰한 쪽방촌의 현실은 약한 자만이 끝없이 내몰리는 '무법지대' 그 자체였다고 했다.

"물론 모든 집주인이 나쁘다고 볼 수는 없겠죠. 하지만 제가 본 대부분의 집주인은 쪽방 안에서 무슨 일이 일어나든 '방세만 받으면 된다'는 심리가 강했어요. 273-1번지 집에는 쪽방이 30개 정도 있거든요. 20만 원짜리가 대여섯 개 있고, 나머지는 25만 원이에요. 그 집은 전기세나 수도세도 별도로 받거든요. 그럼 얼추 계산해도 700만 원을 버는 거잖아요. 집에 물이 새면 사는 사람들이 다 고쳐요. 일반적으로 월세는 주인이 고쳐주고, 전세는 자잘한 것만 세입자들이 고쳐 쓰는데, 이건 원 쪽방 사람들이 물 새는 것까지 고쳐 써야 하니."

영등포 쪽방촌에서도 '빈곤 비즈니스'는 반복되고 있었다. 한발짝 헛디뎠다간 노숙 신세로 전락하는 극빈층의 취약한 지위를 이용해 임대인(정식 임대사업자 등록 여부는 알 수 없지만, 표준임대차계약에 의한 임대가 아니라서 대부분 국가가 파악할 수 없는 형태로 쪽방 임대업이 이뤄지고 있다)으로서의 의무를 내팽겨쳤다. 세상에 쫓겨나는 것보다 더 큰 공포가 없는 쪽방 주민들은 법적으로 부여된 '주거권'을 주장하지도 못하고, 입도 벙긋 못 한 채 울며 겨자 먹기로 알아서 고치는 법을 택한다.

"왜 집주인이 쪽방을 사들이겠어요. '돈 벌기 위해서'가 아니겠어요? 노숙자가 들어오든 누가 들어오든 사람만 차면 된다고 생각하는 게 집주인들이에요. 2년 전엔 20년 동안 교도소에서 살다 출소한 뒤 갈 곳이 없었던 사람이 우리 쪽방으로 들어온 거예요. 그 사람 사정도 딱한 게, 그렇게 오랫동안 옥살이를 하고 세상에 나오니 얼마나 적응이 어려웠겠어요. 결국 칼을 들고 난동을 부리는 일까지 일어나 경찰이 와서 진압했죠. 놀란 가슴

쓸어내리고 난동자를 퇴거시켜야 한다고 집주인한테 항의했지만, 돌아온 대답은 '그렇다면 방을 비워둔 채 두라는 거냐'는 냉담한 반응이었어요."

주거기본법의 최저 주거 기준에도 훨씬 미치지 못하는, 인간이 존엄성을 잃지 않을 필요충분조건을 조금도 만족시키지 못하는 공간. 방 한 칸에 들어찬 가난한 이들이 그래도 희망을 잃지 않고 서로 기대어 역경을 이겨내는 것은 1990년대 주말 드라마에서나 봄 직한 환상일 뿐. 정말로 가난해서 남은 것이라곤 생명밖에 없는 이들은 쪽방촌에서 방치되거나, 착취당하거나 그 둘 중 하나의 선택지만 주어졌다. 기본적인 인권마저 누락된 공간에서, 빈자貧者가 유일하게 누릴 수 있는 권리는 '스스로 죽을 권리'뿐이었다.

"가스 중독에는 '동치미 국물'이 최고라는 거 아세요? 저도 몰랐는데 쪽방촌 와서 처음 알았어요. 3년 전에 어떤 사람이 쪽방에서 연탄불을 피워놓고 죽으려고 했거든요. 그랬다가 그 주위 사람들이 전부 연탄 가스에 중독됐어요. 겨우 다들 동치미 국물을 먹고 정신을 차렸다니까요. 자살을 시도했던 사람은 손가락이 없는 장애가 있었는데, 처지를 비관하고 우울증까지 와버려서 그런 선택을 했대요. 그 뒤로는 살았는지, 죽었는지 모르겠어요."

가뜩이나 좁은 동네에서 누군가의 죽음은 즉각적이고 연쇄적인 효과를 만들어낸다. 이씨는 쪽방촌에서 사람 한 명이 죽으면, 며칠 뒤에 한 명, 또 한 명, 이렇게 연쇄적으로 다들 생을 마감한다는 게 참 신기하다고 말했다.

"올해만 해도 아직 4월밖에 되지 않았는데 5명이 죽었어요. 1년에 이 동네 쪽방촌에서 죽어나가는 사람이 10명 가까이 되는 것 같아요. 사실 쪽방 사람들이 일도 없고 시간이 많다보니 서로 부대끼며 살 것 같지만, 친한 몇 명을 제외하고는 옆방 사람이 죽었는지, 살았는지 들여다보지 않거든요. 며칠 있다가 이상한 냄새가 나면 사람이 죽어 있고. 그런 일이 다반사예요."

쪽방촌 주민 가운데 4명 중 1명(27퍼센트)은 최근 1년 동안 심각하게 자살을 생각했다.[14] 가난하고 병들어 소비를 하고 노동할 쓸모가 없으면 구조에 부담이 되는 비용으로 바라보는 사회에서 이들이 건강한 심리를 유지하기란 쉽지 않다. 사회안전망이 되어주는 '관계'라도 있으면 절망에 빠졌을 때 누군가 건져내줄 수 있으련만, 쪽방촌 주민 가운데 75.5퍼센트가 '가족 중 연락할 사람이 거의 없는' 상태다. 지난 1년 동안 쪽방촌에 사는 자신을 방문한 가족이나 친지가 전혀 없는 비율도 61.1퍼센트에 달했다.

그 역시 쪽방촌에서 맞닥뜨린 친구의 죽음에 정서적으로 동요되고, 극단적 고민을 했던 순간이 있다고 털어놨다.

"쪽방에 살면서도 함께 봉사활동을 다녔던 친구가 5년 전 화장실에서 숨진 채로 발견됐어요. 한참 자활활동을 함께 다녔는데, 집에서 나올 시간이 됐는데도 소식이 없는 거예요. 방에 갔는데도 사람이 없어서, 화장실을 뒤져보니 거기서 죽어 있는 거예요.

참 불쌍한 친구예요. 어릴 때 어머니와 아버지를 잃어버려서 가난을 전전하다가 20년 만에 부모를 찾았거든요. 누나랑 동생과 연락이 닿아서 만났고, 그해 설날 어머니께 세배 드리러 갈 거라며 굉장히 들떠 있었어요. 겨우 가족을 찾았는데 쪽방에 사는 모습을 부끄러워할까봐 유독 그해 자활 훈련에 열심히 참여했다고요. 결국 친구는 어머니를 보지도 못하고 세상을 떠나버렸어요. 그 어머니가 장례식장에서 어찌나 우시던지.

웬만한 일에는 이골이 난 저도, 그 친구의 죽음 이후에는 한 달 동안 정신을 못 차리고 쪽방에 틀어박혀 있었어요. 세상 사람들은 쪽방 사람들이 그곳에 살아야 할 이유가 있기 때문에 가난을 견뎌야만 한다고 말하죠. 그 한 사람이 어떤 삶을 살아왔는지 아무것도 모르면서……."

'사는 게 형벌 같다'며 그가 울먹였다.

|

쪽방에 산다는 것

"닫힌 방 안에서는 생각조차 닫힌 것이 된다."(E. H. 카)

쪽방에 산다는 건 1.25평 남짓의 작은 공간에 '몸을 누인다는 것'만을 의미하지 않는다. 쪽방에 산다는 것은 더 이상 내몰리지 않기 위해 버티면서, 한 계단이라도 올라갈라치면 너무나 아득해서 주저앉고 마는 시시포스의 형벌이다. 햇볕조차 들지 않는 방이지만, 대부분의 주민은 한 번 들어온 쪽방에서 쉽게 벗어나지 못한다. 쪽방 주민의 28.3퍼센트는 '쪽방에 15년 이상 거주했다'고 답했다. 응답 비율은 2016~2018년 사이 매년 24.2퍼센트, 26.4퍼센트, 28.3퍼센트로 꾸준히 커지고 있다. 쪽방촌 주민들이 한 해씩 나이를 먹을수록 이 비율은 점점 더 높아질 것이다. 그만큼 '탈출'하는 이를 찾아보기가 쉽지 않다.

1.

"이사는 고사하고 몸이나 안 아프면 좋겠어요. 통장에 조금의 예금도 남아 있지 않은 상태에서 아프기라도 하면 말 그대로 생활에는 '비상'이 걸리니까요. 일용직을 다니며 입에 풀칠해 살았는데 지난겨울 몇 개월 동안 어깨가 아파 일을 못 했더니 그나마 모아놓은 돈을 까먹은 거죠."

가장 먼저 쪽방촌 '빈곤 비즈니스'의 실마리를 줬던 박씨는 쪽방에서 '버티는 것'이 목표다. 그는 20년 남짓 창신동 쪽방촌의 같은 방에 살고 있다.

평생 노동을 손에서 놓지 않았시만, 인생의 3분의 1을 창신동 1.5평 쪽방에서 살고 있는 셈이다. 어렸을 적 고향인 경기 의정부에서 아버지와 농사를 지으며 살았지만, 경제적 도움을 기대할수는 없는 형편이었다. 학교도 가지 못했다. 20대 때는 남대문 시장에서 중국집 배달을 하고, 주방에서 그릇을 닦았다. 1987년, 남대문 시장의 한 직업소개소에서 "김 양식 하는 곳에서 재워주고 먹여준다"는 말에 무작정 전라도 완도로 향했다. 서울 종로구 창신동의 지금 살고 있는 쪽방에 닿기 전까지의 역사다.

"김 양식장에서 일할 때가 참 좋았지. 한 달 월급이 20만~30만 원이었는데, 밥 먹여주고 재워주고 담배까지 사줬다니까. 김 양식도 해보다가 목포에서 2년 정도 고기잡이 배를 타기도 했고."

솜사탕처럼 달콤하고 몽실몽실한 신혼을 만끽한 적도 있다. 그는 완도에서 장모의 소개로 19살 차이의 어린 부인을 만났다. 전처는 어린 아들을 데리고 박씨에게 시집을 왔다. 헤어진 지 10년이나 됐지만 박씨는 아직도 전처를 '애기 엄마', 그리고 피가 섞이지 않은 아들을 '애기'라고 애틋하게 부르며 사진도 간직하고 있다. 1999년 5월 31일. 아직도 또렷하게 기억하는 결혼기념일. 그의 결혼생활은 10년을 채 넘기지 못하고 2009년에 끝났다. '애기'가 열 살이던 해였다.

쪽방촌 이웃의 살뜰한 관심으로 나름 구색 맞춘 신혼을 보냈다. 1.5평 남짓한 쪽방이었지만, 더 많이 살을 맞댈 수 있었기에 좁은 것은 문제가 되지 않았던 시절이다. 결혼식은 엄두도 내지 못하고 살림만 합쳤다. 한사코 "괜찮다"는 전처의 속마음도 겉과 같은 줄 알았단다. 그러다 못내 아쉽고 안타까워하는 마음을 알게 된 건 쪽방상담소를 찾은 전처가 "식도 못 올리고 산다"고 하소연을 한 것을 건너건너 들었을 때다. 안타까운 사연에 온정의 손길이 모여 2005년이 되어서야 결혼식을 올렸다.

"용산에 온누리교회라고 있어요. 교회에서 많이 도와주고, 삼성전자에서 세탁기도 받았어요. 쪽방에 어디 둘 데가 있나요. 새하얗고 삐까번쩍한 전자제품을 공용 공간에 다른 사람들이랑 다 같이 사용하다가 고장나서 버렸지. 설악산으로 2박3일 신혼여행도 갔는데, 그때가 인생에서 가장 행복하지 않았나 싶어."

4년 뒤인 2009년의 어느 무더웠던 여름. 일을 나갔다가 돌아오니, 전처는 보따리를 싸서 그를 기다리고 있었다. 열아홉 살 어린 부인의 "이혼하자"는 말에 가슴이 무너지는 것 같았지만, 보내지 않을 수 없었다. 똥오줌 가리지 못하는 갓난쟁이 때부터 품에 끼고 살았던 '피 안 섞인' 아들이 열 살이었다. 동네 사람들은 항상 그를 '아들 사랑에 매일 업고 다니는 바보'로 기억했다. 그야말로 청천벽력이었다.

상실감에 석 달 동안 쪽방에서 나오지 않았다. 한껏 웅크렸다. 일도 나가지 않았다. 세상에 존재하지 않는 사람이나 다름없었지만, 그를 다시 쪽방 밖으로 끄집어낸 건 그래도 가난 속에 함께 부대끼며 살던 이웃 쪽방 사람들.

"애기가 떠나고 나서 처음에는 잠을 자도 눈에 보이고 그러더라고. 3년 동안 애타게 그리워하다가 일부러 사진도 다 버려버렸어. 계속 보면 기억나고 생각나잖아요. 도저히 안 되겠던지 쪽방 사람들이 정신 차리라고 안부를 물으러 오고 그랬어요."

열 살 먹은 아들과 헤어진 후 전화 한번 받아본 적이 없지만, 지근거리에 사는 아들 소식은 비교적 최신의 것까지 업데이트가 되어 있었다.

"고척동 야구장 옆에 무슨 대학교를 다닌대. 얼마 전에 이 동네 입구에서 마주쳤어요. 애기 엄마도 아직까지 이 쪽방촌에 살고 있거든. 우리같이 가난한 사람들이 쪽방촌을 빠져나갈 길이 어딨겠어요. 마주치면 괴로워도 소식이 들리고 계속 보고, 버티며 살지."

2.[15]

"환상통幻想痛(사라진 장기나 팔다리가 있는 것처럼 느껴져 고통을 겪는 병) 때문에 응급실에 실려갈 때가 있거든요. 비급여 항목이라 갈 때마다 큰돈이 들어요. 거기다가 개인 채무에 월세까지 내고 나면 저금은 불가능에 가깝지만 이를 악물고 6년 동안 모았어요."

당뇨합병증으로 두 다리를 잃은 이명주(가명·57)씨는 올해로 12년째 쪽방에서 살고 있다. 여인숙 형태의 쪽방에서 5년, 반지하 쪽방에서 6년을 버텼다. 최근 들어 겨우 1층 쪽방으로 옮겼다. 12년을 살면서도 게으름에 빠진 적은 없다. 매달 채무를 16만 8000원씩 꼬박꼬박 갚고, 애면글면 5만 원씩 6년간 악착같이 모아 목돈 300만 원을 만들었다.

자칫하면 비장애인도 우울의 나락으로 떨어질 수밖에 없는 암울한 환경. 그가 정신줄을 단단히 붙들고 재기를 꿈꾼 건 '화장실' 때문이었다. 방에도, 건물에도 화장실은 없다. 쪽방 앞 새꿈어린이공원의 간이화장실이 그가 배변을 볼 수 있는 곳인데, 생리 현상을 느낄 때면 계단을 상체로 기어 올라가 반지하 방을 빠져나와야 했다. 비 오는 날이면 그마저 막막해 요의尿意마저 참게 만드는 인권의 사각지대다.

화장실이라도 날씨와 상관없이 마음 편하게 사용하기 위해 6년 동안 보증금을 모았고, 쪽방생활 12년 차 만에 반지하 생활을

• 주 15, 16번의 내용은 미주의 기사를 재구성한 것이다.

청산하고 월세 28만 원 상당의 1층으로 주거 상향을 이뤄냈다. 이제는 휠체어를 1층에 두고, 가고 싶을 때 애쓰지 않고 갈 수 있게 된 것이 뿌듯하다.

이런 그는 처음부터 가난했을까. 이씨 삶의 궤적 한가운데에도, 익숙한 상흔의 이름 'IMF 외환위기'가 있었다.

"원래는 중장비 대여 사업을 했어요. 1997년에 부도가 나면서 가족과 헤어지고 거리 생활을 시작했죠. 자살도 여러 번 시도했어요. 정신 차리고 일용직으로 일하면서 고시원에 월세를 내고 살다가, 일을 못 하는 날이 생겨 방값을 밀리다보니 고시원, 찜질방, 만화방 등으로 지내는 곳이 계속 아래로 내려왔어요. 12년 전에 이 동네 방값이 싸다고 해서 여인숙에 살기 시작했지요."

그래도 이씨의 사정은 개중 나은 편이라고 한다. 눈으로 명백하게 보이는 장애가 있어 장애 1급 인정을 받을 수 있었기 때문이다. 쪽방 주민 중 '장애가 있다'고 답한 응답자는 2018년 기준 29.7퍼센트. 그러나 이 가운데 '등록되지 않은' 장애인의 비율은 31.7퍼센트로 3분의 1이나 된다. '미등록 장애인'의 경우 장애연금 등 기초적인 복지 혜택을 받지 못해 사각지대에 놓인다.

"저는 활동보조인이 매일 와 반찬을 만들어주시는데 미등록 상태 주민들은 인간으로서 가져야 할 기본 생활이 전혀 이뤄지지 않아요. 3년 전쯤 이사 온 이웃만 해도, 뇌를 다쳐 혼자서는 정상 거동도, 생활도, 판단도 불가능한데 거리 생활을 너무 오래 해 병원 치료 같은 근거 자료가 없어 장애 등록이 안 되는 거예요. 저는 이런 모든 삶이 우리가 방치해도 좋은가라는 생각을

2015년 집주인의 강제 퇴거 요청으로 많은 주민이 쫓겨났던 서울 용산구 동자동 9-20번 지는 서울시가 적극적으로 개입해 현재 '저렴 쪽방'으로 운영되고 있다. 108호 주민 김병택 (80)씨가 건물 복도에 서 있다.

자주 해요."

주민들 사이에서 항상 단단한 이씨지만, 헤어져서 소식을 알 길 없는 자식 이야기를 하면서는 입술을 꾹 깨물었다.

"제가 아이들과 아주 어릴 적에 헤어졌어요. 너무 그립지만 아 버지라고 나타나서 이런 모습 보이긴 싫거든요. 그냥 잘 지내기 만을 기도해요. 내가 남은 생을 아빠로서 부끄럽지만은 않게 살 다 가는 게 목표예요. 그래서 이웃들에게도 할 수 있는 봉사가 있으면 하고. 그렇게 사는 게 헤어진 아이들에 대한 최소한의 예 의라고 생각하면서 버텨요."

지난봄의 각오가 무색하게, 그는 병증이 악화돼 반년 동안 격 리병실에서 입원 치료를 했다. 다시 쪽방촌으로 돌아왔지만 그 를 기다리고 있는 건 '양동 도시정비형 재개발구역 정비계획 변 경(안)'이 서울시 도시계획위원회를 통과했다는 소식이었다. 동 자동 쪽방촌 사람들은 과거 남대문로5가 쪽방 주민들이 제대로 된 이주 보상도 받지 못한 채 떠났던 기억을 떠올리며, 도대체 이 겨울에 어디로 가라는 거냐면서 추위와 불안에 떨고 있다.

3.

"낮에는 무조건 나와 지내고 밤에는 문을 꼭 잠그고 살아요. (이웃들이) 여자가 산다는 걸 아니까 도저히 창문을 열어놓을 수 없더라고요. 밤새 방에 습기가 가득 차기도 하고……."

65세의 여성 박경자씨의 쪽방촌에서의 일상은 위험, 폭력에 노출되지 않기 위해 버티는 것의 연속이었다.[16] 그가 3년 전까지 살았던 쪽방 건물에는 10여 칸의 쪽방이 있었고, 그들 중 여성은 박씨 혼자였다. 세수나 샤워는 고사하고 공용 화장실을 쓰는 것도 쉽지 않았다. 일용직 노동을 하거나 그 일조차 구하지 못했던 이웃들은 술에 취해 있기 일쑤였고, 알몸 상태로 공동 공간이라 칭하기도 머쓱한 상태의 화장실과 복도 등을 누볐다.

쪽방촌 골목을 걷다보면 흔히 만날 수 있는 남성 주민에 비해 여성 주민은 잘 보이지 않는 존재다. 이동현 홈리스행동 활동가는 "쪽방촌이 여성이 살기에는 더욱 적절하지 못한 환경이다보니 대부분의 여성 홈리스는 쪽방을 얻어 들어가기보다는, 홈리스 시설에 들어가 단체 생활을 하는 것을 선호한다"고 말했다. 쪽방 여성 거주자는 서울 지역에서 441명으로 서울 전체 거주자의 13.7퍼센트 수준에 불과하다.

"여자라고는 나밖에 없는데 사람들이 술 먹고 맨몸으로 돌아다녀요. 허름한 건물에 공용 화장실 한 곳을 성별 상관없이 다 같이 이용하고요. 잠금장치가 허술하다보니 밤에 눈 붙일 때도 불안한데, 여름에는 남자들이 술 먹고 맨몸으로 돌아다니고 하니 아무리 더워도 문을 열 수조차 없어요."

지난봄 박선기씨 쪽방에 갔을 때의 일이 떠올랐다. 박선기씨의 쪽방 맞은편에 여성 거주자가 들어왔다는데, 인기척이 전혀 느껴지지 않았다. 날이 조금 풀렸다고 미닫이문을 활짝 연 박선기씨와, 그 옆 목수 아저씨와는 달리 행여 조금의 볕이라도 들어올까 꼭꼭 닫은 문은 열릴 줄 몰랐다. 그리고 얼마 지나지 않아 박씨는 "새로 들어온 여자가 금세 나갔다"고 했다.

"무료급식소에 70명쯤 되는 남자들이 있고, 여자는 나 혼자야. 내 앞에서 남자가 대놓고 꼴린다고 해요. 안 되겠다, 밥 먹으러 안 가겠다 하고 안 갔죠. (…) 여자 혼자서 노숙한다는 게 힘들잖아요. 잘 데도 없고 그래서 화장실에서 잤거든요. 남자들이 위협할까봐 무서워서 도망만 다니고 혼자 다니거나 아니면 롯데리아에서 여자분 있으면 뒤쪽에 앉아 있거나 하면서 생활했어요."[17]

여성 노숙인은 노숙인 그리고 여성이라는 이중의 구별짓기에 처한다. 안정적인 자리에서 잠을 청하기 어려워 도심을 배회하다가 낮에 지하철에서 쪽잠을 자거나, 목욕탕이나 기도원에서 무상 노동을 제공하고 잘 곳을 확보한다.[18] 이동현 활동가는 "워낙 길거리 생활이 어렵다보니 여성 노숙인이 쪽방에 들어가는 경우는 보기 드물다"며 "대부분 노숙인 시설행을 택한다"고 말했다.

박경자씨 역시 평생을 일하며 살아온 자신이 지금의 모습이 될 줄은 꿈에도 생각하지 못했다. 아홉 살 때부터 시골에서 남의 집 식모살이를 하면서 쉼 없이 달려온 노동의 결과가 '노숙만 면한 벼랑 끝의 주거 빈민'일 줄 어찌 알았겠는가. 어린 딸이 번 돈은 고스란히 친정으로 넘어갔고, 결혼 생활은 시댁의 폭력에 시달리다가 이혼으로 끝났다.

"철거를 앞둔 빈 고시원에 노숙하는 분들이 있길래 거기서 몇 달간 같이 노숙을 했어요. 방에 버리고 간 이불도 있고요. 밥은 무료 급식으로 해결했는데, 거기서 만난 분이 쪽방을 알려줘 여기까지 왔지요. 남은 생이 길어봐야 5년이면 좋겠어요. 그냥 아무 일 없이 5년 안에 갔으면 좋겠어요……."

서울시 조사에 따르면 한 채의 쪽방 건물에는 평균 10.7명이 산다. 대부분 공용 화장실 한 곳을 나눠 쓰고, 아예 변기 자체가 없는 건물이 17.8퍼센트에 달한다. 그나마도 술 취한 이웃이 차지하는 날에는 여성 주민의 공포의 칩거가 계속된다.

누가 쪽방으로 돈을 버는가

2019년 2월, 서울 중구 한국일보사 17층 편집국. 저녁에 일어나는 상황에 대응하는 야근 근무자들만 남아 있는 시간. 기획취재부의 레이저 프린터는 쉴 새 없이 종이를 뽑아내고 있었다.

587통의 건물·토지 등기부 등본. 한 채당 적으면 3장, 많으면 8장이나 되는 종이를 한가하게 업무 시간 중에 뽑았다가는 촌각을 다투는 편집국 업무에 지장을 줄 수도 있을 터. 아무도 프린터를 사용하지 않는 시간에, 그리고 전체 쪽방촌의 얼개가 드러나기 전까지는 당분간 아무도 모르게 취재 진도를 나가야 했다. 2월과 3월에는 심야 시간에 몰래 회사에서 실소유주 정보를 정리했다. 보고를 먼저 했다면 취재 비용을 지원받을 수 있었겠지만, 일단 혼자서 밑그림을 그리기로 결심했기에 등본 비용 60만원을 사비로 결제할 정도로 의욕이 넘쳤다.

날이 어둑어둑해지면 작업을 개시했다. 책상 옆에는 매일매일 들여다본 등기부 등본이 쌓여만 갔다. 책상 위를 뒤덮은 서류 더미를 보고 '대체 무엇을 하는 거냐'는 주변의 질문도 동시에 쌓여갔지만, 여전히 스스로 확신할 수 없어 "뭔가 찾아보고 있다"는 답만 반복했다. 세상에 없었던 '숫자'들로 수십 년 동안 유지된 생태계를 증명하고 고발한다는 건 여간 어려운 일이 아니었다. 조금 더 명확한 얼개가 짜이고, 팩트가 눈에 들어온 뒤, 이를 스스로 확신할 수 있을 때 보고해야겠다고 마음을 먹은 까닭이다.

건물 주소, 건물(토지)주 이름, 주소, 생년월일, 취득 경로(매매·증여 등), 취득 연도, 근저당권자, 특이 사항(주로 반복적으로 등장하거나 채무관계를 들여다봤을 때 서로 돈을 빌려준 관계) 등을 차근차근 입력하기 시작했다. 또 강남 3구(강남구, 서초구, 송파구)와 부산 해운대 마린시티 등의 지방 부촌에 사는 이들을 따로 기입했고, 간혹 가다가 법인을 근저당권자로 설정해 대출을 받았을 경우 '구글링'으로 법인과의 관계도 따졌다.

이정순, 박재익, 구성은, 서종갑…….

어떻게 생겼는지, 무슨 일을 하는지, 지금은 어디에 있는지, 살면서 거리에서 단 한 번은 스쳤을지, 그 아무것도 말해주지 않는 '이름' 세 글자를 모두 입력했다. 무허가 건물 등의 이유로 등기가 되어 있지 않은 건물을 제외한 243채에 소유주로 이름을 올린 이는 270명(공동 소유주 포함)이었다. 강박증이 아닐까 싶을 정도로 세 번, 네 번 데이터 입력을 확인하며 스프레드시트를 채워갔고, 모니터를 뚫어져라 쳐다보면서 반복되는 이름들로 다주택 소유주를 추정하고, 같은 주소지와 채무관계 등으로 가족관계를 의심하며 알지도 못하는 사람들의 이름이 엉겨 붙은 늪을 한참이나 헤매고 있었다.

특이한 사람이 수면 위로 드러날 때마다 등기부 등본상의 정보를 중얼중얼 외워 현장으로 달려갔다. 주민들이야 단 한 번도 집주인을 본 일이 없을 테고 인근 부동산이나 중간 관리인에게 물어봐서 캐낸 파편들을 모아모아 전체 퍼즐을 짜 맞췄다. 그래봤자 하루에 확인할 수 있는 건 수백 개의 조각 중 서너 개에 불과했다.

3월 내내 지난한 작업을 이어갔지만, 예상보다 명징하게 드러나지 않는 구조에 좌절을 거듭했다. 결국 또다시 현장이었다. 문서에만 의존할 수 없었기에 '쪽방촌'으로 검색해서 나오는 인물들은 죄다 만났다. 쪽방에서 십수 년간 봉사활동을 하고 있는 경찰, 동자동 쪽방촌의 주민 자치 모임인 '동자동 사랑방' 관계자들, 반빈곤운동단체 홈리스행동, 각 구청과 주민센터의 복지 담당 공무원들, 쪽방촌 인근의 공인중개사, 그리고 셀 수 없을 정도로 오가며 만난 주민들. 2019년 상반기에는 서울 시내 쪽방촌에 살다시피 했다. 훗날 알게 된 사실이지만 창신동 쪽방촌에서는 내가 얼굴을 내비칠 때마다 '저 아가씨는 누구의 애인'이라는 뒷얘기가 흘러나올 정도였다고 한다.

팩트 발굴이 여의치 않을 땐 쪽방촌 인근의 공인중개사를 들쑤시고 다니며 쪽방촌 생태계를 캐물었다. 간혹 돈이 흐르는 내밀한 이야기를 들어야 할 때면 '쪽방 투자에 관심이 있다'는 식으로 짐짓 연기를 하기도 했다. '가진 자'의 인식 체계로 한 번에 동기화가 되면 좋으련만, 상상조차 하기 힘든 영역을 파고드는 건 여간 힘든 일이 아니었다. 쪽방 건물을 매입해 재테크의 수단으로 삼는다는 것은 통상 상상조차 할 수 없는 영역이었기에. 사회에 유해할 정도로 이재理財에 밝은 그들의 생각을 들여다볼 수 있는 곳. 쪽방촌 인근의 부동산 중개업소였다.

"쪽방은 세를 놓는 거고 건물주들은 부자 동네 가서 살죠. 솔직히 원룸처럼 시설을 잘해놓은 것도 아닌데 월세를 그렇게 받는 건 폭리를 취하는 거나 다름없어요. 화장실도 없고, 주방도 없는 쪽방이 태반인데 이론적으로 따지면 월세 5만 원만 받아야 하지 않겠어요? 그런데 1평에 25만 원 수준이면 웬만한 아파트 평당 월세의 다섯 배는 될걸요."

"남대문 쪽에서 여든 넘은 사람도 쪽방을 하려고 알아보더라니까요. 여든 몇 살 돼서 한 달에 몇백 벌 수 있는 일이 어디 있어요? 그것도 현금으로 받으니까 세금도 없이, 거기다 노인연금도 따박따박 받고."

오히려 오랫동안 쪽방 영업을 하던 이들은 '재개발'을 원하지 않는다는 분석을 내놓는 부동산 중개업소도 있었다.

"월세를 400만~500만 받는 주인들은 오히려 재개발을 원하지 않는 경우도 많아요. 이번에도 여기 조합 같은 게 생겼는데, 안 하려고 해요. 수익이 없어지니까요. 오히려 알박기하려고 사놓고, 월세로 이자 충당하는, 그러니까 전형적인 투자자들은 재개발되는 게 훨씬 낫죠. 계산기 두드리는 거죠. 아파트 들어서는 게 나을지, 쪽방으로 쓰는 게 나을지."

서울 강남구 압구정동의 고급 아파트에 사는 유명 인터넷 강사 성경호(가명·51)는 유난히 도드라진 인물이었다. 평범하지도, 독특하지도 않은 이름이지만 그의 채무관계에 눈이 쏠렸다. 전국에서 가장 유명한 인터넷 강의 업체가 근저당권자로 올라 있었다. 그러고 보니 떠오르는 인물이 있었다. 나는 2009년에 대학에 입학한 '인터넷 강의 세대'다. 메가스터디, 이투스 등 온갖 온라인 강의의 1타 강사를 섭렵해 수능을 치렀다. 나도 10여 년 전

수업을 들어봤을 정도로 유명했던 전국 1타 사회탐구 영역 강사였다.

전공을 살려서 투자 정보에 밝았던 걸까. 그는 '매수세'가 붙을 때 한마디로 미리 '찜'해놓는 '소유권이전가등기'를 설정했다. 아직 산 것은 아니지만, 다른 이가 매수하는 것을 막을 때 쓰는 행위다. 뿐만 아니라 그의 가족은 2004년 인근의 다른 쪽방 건물을 매입하면서, 같은 인터넷 강의 업체를 근저당권으로 설정했다. 공교롭게 이 지역엔 '단군 이래 최대'라는 수식어가 붙었던 2006년 용산국제업무지구 개발 사업이 진행되다가 2013년에 무산됐다. 성씨의 가족은 개발이 좌초될 즈음 다시 건물을 매도했다.

같은 성씨에, 같은 돌림자를 쓰는 2명이 나란히 놓인 쪽방 건물을 각각 2002년과 2010년 취득했다. 주소지도 서울 강남구 논현동의 특정 건물로 호수까지 같았다. 미심쩍은 마음에 논현동 건물의 등기부 등본을 떼어보니, 63세 아버지(추정)가 건물주였다. 강남 건물주의 아들들은 왜 다 쓰러져가는 돈의동 쪽방 건물을 산 걸까.

물론 '타워팰리스'로 상징되는 부촌에 사는 실소유주도 있었다. 소유주 손명신(가명·33)씨는 10여 년 전인 2008년 스물두 살의 나이에 동자동 쪽방촌 2층 건물을 매입했다. 근저당 설정 금액이 4억 원 가까이 된다. 어린 나이를 감안하면, 정상적인 투자로 보기 힘든 '투기'였다.

쪽방이 '돈'이 되다보니 여러 대에 걸쳐 영업을 이어나가는 양상도 드러났다. 2016년 열여섯 살의 나이에 부모와 함께 동자동 쪽방 건물의 공동 명의자로 등재된 김성훈(19)군은 10대의 나이에 쪽방 건물 명의자에 이름을 올린 것도 기묘하지만, 과거 조부모가 김군의 부모에게 증여하고, 또 여기에 이름을 올린 것을 감안하면 '3대째' 쪽방 비즈니스를 하고 있는 것이다.

2011년 영등포 쪽방촌 건물을 한 채 매입했던 박아무개는, 수지타산이 맞았는지 2015년엔 동자동 쪽방촌을 한 채 사들였다. 그 외에도 재개발 조합이 만들어질 때나, 개발 소식이 들릴 때마다 세종, 창원, 부산, 광주 할 것 없이 전국에서 쪽방을 사들이는 모습이 드러났다. 어느 지역 아파트에 호재가 있어, 지방의 큰손들이 원정으로 물건을 사들인다는 소식은 흔히 보도되곤 한다. 우리 사회에 침투한 친자본주의는 쪽방마저 재테크의 수단으로 변질시킨 비정한 형태였지만, 감히 누구도 상상할 수 없는 수준의 천박함이어서 기사화되지 못했던 것이었다.

돈의동 쪽방촌에 건물을 네 채 갖고 있는 구필성(가명·76)씨는, 쪽방촌 소유주 가운데 단일 인물로는 가장 많은 건물을 소유하고 있다. 가족까지 포함하면 일곱 채 이상 건물을 갖고 있는 것으로 추정된다. 자신의 명의로만 되어 있는 곳 네 채에 있는 33개의 방. 서울시 평균 월세 22만8188원으로 어림잡아 계산해도 매달 753만 원 상당의 현금 수익을 거둔다. 돈의동의 경우 관리인이 10만~15만 원을 떼고, 집주인이 방당 나머지 금액을 가져가는 불문율이 통용되는 터라, 구씨는 매달 330만~495만 원의, 1년엔 6000만 원 가까운 '그림자 수익'을 챙기는 것으로 추정할 수 있었다.

그러나 돈의동 쪽방촌에서 구필성의 흔적을 찾기는 어려웠다. 구필성의 건물 주민들에게 집주인이 누구냐고 물었을 때, 애먼 사람이 튀어나왔다.

"집주인 본 적 있으세요?"

"그럼, 있죠."

"집주인이 구필성이란 분이죠?"

"아니야, 서미진이에요. 주인은 여자예요."

또 다른 주민도 같은 반응을 보였다.

"월세는 어떻게 내세요?"

"집주인이 오면 현금으로 직접 줘요."

"집주인은 남자예요? 구필성?"

"아니에요. 여자예요."

대부분의 쪽방 주민들은 자신이 살고 있는 집의 실소유주가 여자인지 남자인지도 모르고 있었다. 서미진은 기실 '집주인'이 아닌 '관리인'이었다. 모두가 집주인이라고 알고 있는 그는 철저히 베일 속에 싸여 있었다. 구필성의 건물을 각각 관리하는 관리인 여러 명은 "집주인이 멀리 살아 월세를 걷어서 날짜 때마다 계좌 이체를 한다"고 입을 모았다.

'이 동네에 올 일이 없다'던 구필성의 집주소는 돈의동에서 종로3가 길 건너의 관수동. 돈의동 쪽방촌에 사는 것은 아니지만, 횡단보도 하나 건너면 되는 거리인지라 직접 월세를 걷지 못할 이유도, 쪽방 주민들이 단 한 번도 보지 못할 이유도 없었다. 하지만 등기부 등본상의 주소지를 찾아간 후에야 의문이 풀렸다.

그가 주소를 올린 곳은 집이 아닌 종로의 한 '모텔'. 물론 그곳에 거주하지도, 그곳을 소유하지도 않는 상태였다. 추적해오는 이를 약올리기라도 하듯, 집이 있어야 할 자리에 덩그러니 놓인 모텔을 보고 한 개인으로서는 가장 많은 수의 쪽방을 소유하고 있는 구필성을 추적하는 일을 포기해야만 했다.

쪽방촌 생태계의 축, 중간 관리인

"선배, 죄송해요. 물어보라고 하신 거 아무것도 묻지 못했어요."

4월의 어느 날, 종로3가 귀금속 상가 인근의 돈의동 쪽방촌을 함께 간 인턴 기자가 울상을 지으며 말했다. 애당초 관리인과 인터뷰를 진행하는 사이, 그동안 정리해놓은 돈의동 실소유주 정보를 교차 확인하고, 요주의 인물들이 소유한 건물의 상태, 그곳에 사는 주민들의 이야기를 들어보라고 부탁했었다. 타인에게 말을 걸고 이야기를 끌어내는 것에 이골이 난 기자와 달리, 인턴에겐 분명 부담스러운 미션이었을 것이다. 애초부터 엄청난 이야기를 발굴해오리라 기대하지는 않았고, 다만 스프레드시트로만 봐왔던 쪽방촌의 현실을 눈에 담게 해주고 싶었을 뿐인데, 쪽방촌을 두 시간 남짓 둘러본 후 인턴은 그야말로 넋이 나가 있었다. "서울 도심 한복판에 이런 곳이 존재한다는 게 충격이다"라고 했다.

한두 사람이 겨우 지나갈 좁은 골목을 걷다보면 비가 오지 않는데도 머리 위에선 물이 뚝뚝 떨어졌다. 빨래를 말릴 곳이 없다보니 마주 보는 건물의 창문과 창문 사이에 대나무 같은 것을 끼워두고 그곳에 빨래를 너는 풍경이 2019년 서울 도심 한복판에서 이어지고 있다.

도중에 동네에서는 한바탕 싸움이 나기도 했다. 서른이 조금 넘어 보이는 여성과 중장년 여성의 앙칼진 목소리가 골목을 가득 메웠다. 쪽방에 있던 사람들이 순식간에 몰려들어 싸움을 지켜봤다. 비속어보다 더 원초적이어서 차마 글로 남길 수 없는 수준의 날것의 말들이 오갔다. "경찰이라도 불러야 하는 것 아니냐"며 이방인이 섣부른 참견을 해댔지만, "하루에 한 번씩은 있는 일"이라는 무심한 답변이 돌아왔고 아니나 다를까 얼마 지나지 않아 다시 골목은 차분해졌다. 언제 그런 일이 있었냐는 듯 골목실에서 페인트칠을 하던 인부들은 다시 붓을 집고 작업을 시작했다. '새뜰마을' 미화 사업 대상 마을로 정해져서, 이 동네 쪽방 건물들은 외벽을 모두 같은 색으로 칠하게 됐다고 이 동네 통장 박점자(가명·65)씨가 말했다.

피카디리극장과 낙원상가 가운데 있는 돈의동 쪽방촌. 1950년대의 한국전쟁을 기점으로 피카디리극장 뒤편에 450~500명의 젊은 여성들이 일하는 대규모 집창촌이 형성됐다. 일명 '종3'이라 불리던 집창촌이다. 1968년 서울시의 대대적인 단속으로 성매매 집결지가 와해됐고, 지방에서 생계를 위해 도시로 모여든 노동자들이 성매매가 이뤄지던 방을 꿰차면서 지금의 쪽방촌이

됐다고 전해진다.[19]

창신동, 동자동, 영등포 쪽방촌을 모두 둘러본 뒤, 서울 시내 4대 쪽방촌 중 마지막으로 돈의동을 처음 보러 갔을 때 번뜩 든 생각은 '그래도 다른 동네에 비해 돈의동 쪽방촌 환경이 낫다'는 것이었다. 실제로 이 지역은 2015년 대통령 직속 지역발전위원회에서 추진하는 사업 대상 지역으로 선정돼, 지자체 차원에서 인프라 개선 사업을 적극적으로 추진하고 있다. 홈리스 정책을 담당하는 서울시 자활지원과의 자체 연구에서도, 돈의동 쪽방촌은 '서울시 소재 쪽방촌 중 근로활동 주민 수가 가장 많고, 수급자가 적은 지역으로 주거 환경이 다른 지역에 비해 좋은 곳'이라고 평가된다.

돈의동 쪽방촌에서 도드라지는 특징 중 하나는 '중간 관리인의 자율성'이다. 다른 쪽방촌에서 관리인들은 대부분 자기네도 쪽방 주민들과 형편이 다를 바 없어 월세를 수금하고 관리해주는 대가로 방 한 칸을 겨우 얻거나 세를 주지 않고 장사를 할 수 있는 궁여지책 수준이라면, 돈의동 관리인들은 사실상 전대 사업자로서 공격적으로 쪽방 사업에 뛰어드는 모습을 보였다. 박점자씨가 '관리'하고 있는 쪽방은 100칸에 달한다.

이런 맥락에서 돈의동 쪽방촌에서 '집주인'이라는 단어는 '실소유주'와는 조금 다르게 통용된다. 우선 쪽방 주민들이야 '실소유주'를 만날 일이 없으니 통상 '중간 관리인'을 '집주인'으로 인식한다. 그런데 조금 특이한 점은 '중간 관리인'들마저 스스로를 '집주인'이라고 인식하고 있다는 점이다. 이는 여느 쪽방촌과 달

리 이 지역 관리인들이 실소유주에게 쪽방 건물을 빌려 '전대'
하는 형식으로 영업이 이뤄지기 때문이다. 통장 일을 겸하고 있
는 박씨에게 조금은 특색 있는 돈의동의 쪽방 생태계에 대해 물
었다.

"이모님, 이 쪽방 '집주인'이에요?"

"네, 제가 쪽방 집주인이에요."

"와……. 그래도 종로 한복판에 아무리 쪽방 건물이라고 해도
비쌀 텐데. '소유'하고 계시단 의미죠?"(주로 소유 여부를 물을 때는
흡사 재테크나 부동산 투자에 관심 있는 행세를 하며 물어 경계심을
낮췄다.)

"아, 그런 의미는 아니에요. 실제 갖고 있는 사람은 따로 있어
요. 남의 건물을 임대로 얻어 세를 놓아서…… 그러니까 임대를
해서 전대를 놓는 거지."

"'관리'한다는 개념으로 봐도 뇌는 선가요? 관리인?"

"뭐, 그런 셈이죠."

역시 '집주인' '실소유주'의 개념을 혼동하고 있었다. 그런데
또 일리는 있는 게 '집주인'이라는 단어의 조어를 뜯어보면 '집'
의 '주인'이라는 뜻. 과연 집의 주인은 누구일까. 집을 가지고 있
는 사람? 집에 대한 관리 권한을 갖고 있는 사람? 아니면 세입자
더라도 집에 들어가 살면서 그 공간을 가꾸는 사람? 한 가지 확
실한 것은 '집주인'이라는 단어가 후자의 의미에 가까우면 가까
울수록 더욱 세입자의 주체성이 강조되고, 주거권이 십분 보장되
는 사회라는 점이다. 안타깝게도 우리 사회에서 세입자를 '집주

인'이라고 부르는 경우는 결코 없지만.

"그런데 다른 사람들은 이모님을 '집주인'으로 알고 있는 거죠?"

"그렇죠. 진짜 실소유주가 누군지는 저만 알죠. 제가 매달 통장으로 월세를 넣어주니까. 전화번호도 아무도 모르고요. 우리 동네 주인들…… 아, 헷갈리니까 '관리인'이라고 할게요. 관리인들은 자기 집을 소유해서 그걸로 세를 주는 경우도 있지만, 대부분 남의 집을 임대해서 세를 내놓고 있어요. 우리 가족은 이 일을 대대로 하고 있어요. 엄마가 하던 걸 지금은 언니랑 저, 여동생 이렇게 자매들이 하고 있는 거지."

박씨에 따르면, 이 지역 쪽방은 모두 '무허가'다. 당연히 세금도 내지 않는다. 월세는 보통 20만~30만 원 선. 이 가운데 10만~15만 원은 실소유주에게 송금한다. 전기·가스비 등을 내고 남은 돈이 중간 관리인이 챙기는 순수익이다. '그림자 현금'의 형태로 관리인의 주머니 속으로 들어가다보니 소득으로 잡히지 않아 탈세의 여지가 다분하다. 게다가 연로한 관리인이라면 쪽방 관리로 수백만 원의 수익을 거두면서도, 기초생활수급비도 함께 타서 "쏠쏠하다"고 박씨는 말했다.

박씨 역시 일종의 '거부巨富 관리인'이다. 2018년 3월, 돈의동에서 가장 많은 쪽방을 관리하던 이가 사망하면서 그 물량을 모두 인수하게 되었던 것이다.

"원래 제가 관리하던 집에다가 언니가 관리하던 것까지 더해 모두 아홉 채의 쪽방을 관리하고 있어요. 방으로만 따지면 100

칸 정도 되지요. 방을 넣는(박씨는 쪽방으로 돈을 굴리는 행위를 '방을 넣다'라고 표현했다) 원리는 이래요. 이 건물엔 15개의 방이 있어요. 한 층에 5개씩 모두 3층이거든요. 이 집은 월세가 더 비싸지만, 보통 24만 원을 받거든요? 10만 원은 월세로 소유주에게 송금하니 한 건물에 150만 원을 보내고 14만 원을 우리가 남겨 먹어요. 많아 보이지만 막상 그렇지도 않은 게, 전기 요금, 수도 요금, 가스 요금, 유선비 같은 공과금을 거기서 내요. 방이 꽉 차면 이문을 좀 많이 남겨 먹을 수 있지만, 요즘은 공실도 점점 생기고 특히 임대주택으로 많이 빠져요."

박씨가 관리하는 100칸. 공실이 없다고 하면 1400만 원을 버는 셈이다. 물론 한겨울엔 가스와 전기요금이 많이 나오다보니 공과금만으로 500만 원 이상이 나간다고 한다. 박씨는 "지난해 겨울엔 누가 전기 히터 같은 걸 돌려대서 전기요금이 한 채에서 78만 원이 나왔다"며 "겨울에 500만 원은 남기려나 몰라"라며 겸양을 떨었다. 하지만 공실이 전체의 10퍼센트도 되지 않고, 여름에는 전기 먹는 하마인 에어컨도 없다보니 어림잡아 계산해도 월 1000만 원 이상은 남는 장사다. 그래서인지 박씨는 '내 나이에 하기에는 괜찮은 일'이라고 말했다.

"제가 집을 가지고 있으면서 관리도 같이 하는 거면 좋을 거 같기도 해요. 집주인한테 입금하는 방당 10만 원이 저한테 오는 거잖아요. 방이 100개인데, 그게 다 내 거다 하면 얼마나 좋겠어요. 한 달에 2400만 원이나 되는데. 그런데 동네에 그렇게 하는 사람은 잘 없어요. 집주인들은 다들 다른 동네에 나가 살거든요."

주민들과 살 맞대며 살다보니 돈을 어디에 쓰는지 꼬치꼬치 물은 적도 있다고 한다. 기초생활수급자의 경우 매달 75만~80만 원 정도를 받는데, 우선 방세로만 24만~30만 원가량이 나간다. 주민 대부분이 중년 남성이다보니 술과 담배에만도 하루에 1만 원씩 30만 원이 든다고 했다. 고정적인 일이 없고 시간을 보낼 길이 없으니 경마장, 경륜, 도박 오락실의 유혹으로부터 빠져나가기 어렵다. 기초생활수급비가 들어와도 돈이 부족해서 맨날 남에게 꾸고, 갚고 나면 쳇바퀴 돌듯 꾸는 삶의 연속이라고 했다.

"주민들이 취미가 없고 삶의 낙이 없다보니 매일 저한테 혼자서 너무 외롭대요. 또 남자들이다보니 가난해도 청량리에 가끔 여자랑 '몸을 풀러' 간다고 하더라고요. 그 돈도 무시 못 하나 보더라고."

박씨는 주민들에게 제공되는 복지가 수요자 중심으로 설계된 건지 의문스럽다는 취지의 말도 덧붙였다. 온정의 손길로 쏟아지는 도움들이, 기실 주민들에게는 큰 효용도 없을뿐더러 고마움도 느끼지 못한다는 의미에서다.

"여기 주민들 하는 것 보면 '빈곤 속의 풍요'라는 말밖에 할 수가 없어요. 명절 되면 복지관이나 구청 같은 데서 떡이며 쌀 같은 걸 주거든요. 그걸 먹지도 않고 있다가 곰팡이가 나면 그냥 버려요. 수시로 봉지에 담아서 쌀을 주는데도, 갖고 있다가 그냥 갖다 버린다니까요? 세금으로 지원하고 도와주는 건 좋지만 이게 맞나 싶을 때도 많아요. 아무튼 쌀은 많아요. 넘쳐 흘러요."

돈의동에서 살다가 지방으로 시집을 갔다가 다시 돌아오는 바람에 이 일을 한 지는 9년밖에 되지 않았지만, 한번 쪽방촌에 발을 들인 이가 잘되어서 이곳을 벗어나는 일은 본 적이 드물다고 했다. 다시 오기 싫을 정도로 험했던 동네지만 못된 사람들이 죽거나 교도소에 가는 바람에 많이 조용해지고 살 만해졌다고도 한다.

"오래 살면 몇십 년 동안 사는 분들도 있죠. 그렇지만 잘되어서 나가는 경우는 거의 없어요. 일단 돈이 없거든요. '죽어서'라면 모를까 자발적으로 나가기는 어려워요. 여기 들어온 사람들의 삶은 절대 나아지는 게 아니에요. 개중 다달이 10만 원이라도 모으는 사람은 10퍼센트나 되려나 모르겠어요."

'지옥고 아래 쪽방'을 보도하다

길고 가혹했던 겨울이 끝났다. 봄기운이 완연한 2019년 4월의 어느 날 정오 무렵, S 슈퍼 앞 평상에는 쪽방촌 주민 너덧 명이 모여 재잘재잘 이야기를 나누고 있었다. 동네 사랑방 역할을 톡톡히 하는 슈퍼 앞에는 언제나 빈 의자 여러 개가 놓여 있는데, 겨울에는 도통 쓸 일이 없어 봄이 되어서야 제 임무를 하게 된다. 4월이라곤 하지만 바깥에 오랫동안 앉아 있기에는 날씨가 썩 온화하지만은 않은데, 그래도 쪽방 사람들은 기어코 집 밖으로 나와 슈퍼 앞에 터를 잡고 있었다. 창문 하나 없는 쪽방 안에서는 지금이 밤인지 낮인지, 겨울인지 봄인지 알 길이 없어 사람을 한없이 무기력하게 만들었다. 날이 조금만 따뜻해져도 주민들은 바깥으로 나와 슈퍼 앞 의자에 앉아 햇볕을 쬐었다. S 슈퍼 골목길 사거리는 유난히도 이 동네에서 햇볕이 잘 드는 구역이었다.

어디서 가져온 휠체어인지, 쪽방촌 사람들은 누군가의 휠체어를 가지고 놀고 있었다. 그중에는 박선기씨도 있었다. 옷차림은 한결 가벼워졌고, 겨울에 기침을 쿨럭이던 모습과는 사뭇 다르게 얼굴에 화색이 돌았다.

봄이 되니 S 슈퍼에도 활기가 돌았다. 미닫이 새시 문의 유리에는 하얀 종이에 굵은 펜으로 직접 만든 만두, 식혜 따위의 메뉴가 붙었다. 슈퍼 밖에 커피 자판기도 있지만 고장이 나서 슈퍼 주인 최미자씨는 500원을 받고 직접 믹스 커피를 타주기도 한다.

신혼 시절부터 초등학교 손녀를 둔 할머니가 될 때까지 여자혼자 몸으로 40년 동안 한자리에서 장사를 한다는 것은 결코 쉬운 일이 아니다. 최씨는 온화한 인상과는 달리 호락호락하지 않은 성격으로 험하다면 험할 수 있는 쪽방촌에서 자식들을 길러냈다. 요즘엔 손녀들까지 짬짬이 맡으면서 느긋하게 시간을 보내고 있다.

2018년 국일고시원 화재 당시 쪽방촌에서 가장 먼저 인연이 닿았던 사람이면서 동시에 강씨 일가에 대해 누구보다 정확하게 말해줄 인물이었다. 그러나 40년이 넘도록 인연을 맺어왔고, 밥줄까지 쥐고 있는 일가에 대해 쉽게 말해주진 않을 터. 직설적으로 묻기보단 우회적으로 들어가는 방법을 택했다.

"처음 장사를 시작했을 때 이 주변이 모두 사창가였는데, 10년쯤 지나고 나니 윤락업소가 없어지기 시작했어요. 몸 팔던 아가씨들이 들어가 남자들을 받던 작은 방이, 지금은 쪽방이 된 거지. 그래도 우리 집주인 사장님은 이 동네 청소년 선도 위원장이라서 건물을 여러 채 가지고 있지만 그런 일은 전혀 없었어요."

서울에서 손꼽히는 윤락가였던 1960년대의 창신동. 벌집처럼 다닥다닥 붙은 형태의 방들은, 대개 성매매 종사자들의 매음굴이었다. 혹은 지금은 호텔이 들어선 자리에 있던 '동대문고속버스터미널'을 통해 상경한 노동자들이 청계천 평화시장 봉제공장에서 일하면서 이곳에 숙소를 잡으며 쪽방을 채워나가기도 하고, 지방에서 온 상인들이 통금 시간에 맞춰 잠시 머무는 여인숙이었다가 시간이 흐르면서 저소득층의 월 임대 형식으로 바뀌었다는 이야기도 전해진다. '오래 계셨으니 쪽방촌에 대해 모르는 게 없겠다'며 넌지시 기분을 맞추자, 최씨는 "동네에서 좋은 일을 워낙 많이 해 나는 표창도 수도 없이 받았다"며 어깨를 으쓱거렸다.

"손녀들이 '다른 할머니들은 명절에 쉬는데 왜 할머니는 안 쉬느냐'고 그래요. 근데 나는 명절이 더 바빠. 오갈 데 없는 쪽방촌 사람들이랑 떡국이라도 한 그릇 만들어 먹어야지. 이 동네에 사는 사람들도 다 알아요. 어디 그것뿐이겠어요? 앞집, 옆집 주인이 누군지도 다 알지."

동네 돌아가는 구석이 손바닥 안에 훤하고, 어느 집을 누가 가지고 있고 집주인이 바뀌는 것까지 꿰고 있다는 최씨는 그동안 작업해온 가설을 확인받기에 가장 적합한 인물이었다. 하지만 특수 관계인에게 쪽방촌의 진실을 직설적으로 듣기는 쉽지 않았다. 하는 수 없이 원하는 답을 확인하기 위해 동네의 새로운 소식부터 해서, 여자 혼자 몸으로 이곳에서 장사를 이어가는 것이 얼마나 지난한 일인지 공감하며 장성한 자식 이야기까지 거친 다음에야 '실소유주'에 대한 이야기를 들을 수 있었다.

"예전엔 이 동네에 개발 소식이 있었는데 폭삭 주저앉았어요. 복합 어쩌고를 올린다고 말이 많았는데 동대문을 살려야 한다고 안 된다는 거야. 그땐 요 윗동네에 무슨 장관이 샀네, 말았네 말이 많았어요. 이명박 대통령 시절에요. (실제로 2010년 이재훈 지식경제부 장관 후보자가 창신동 뉴타운개발 예정지의 쪽방촌 주택을 공동 명의로 매입해 낙마한 바 있다.) 이 인근의 쪽방은 집주인 대부분이 집을 한 채 갖고 있는 사람은 별로 없어요. 우리 집만 집이 없지 다들 몇 채씩 갖고 있어."

농담을 섞어가며 호탕하게 웃는 최씨에게 동네 사정을 곱씹어 물었다. 이미 주변 쪽방 건물의 소유관계를 모두 파악한 상황이었지만, 잘 알지 못하는 것처럼.

"40년 동안 이 슈퍼를 하셨으면 이 건물은 이모님 것이겠어요."

"우리 슈퍼는 세지. 40년 동안 집주인이 세 주고 있는데, 자기 집을 나한테 맡기다시피 해요. 가게세를 내지 않고 장사하고 있는 거지."

중요한 말이 뒤이어졌다.

"집집마다 관리인이 있는데, 나는 박씨네 집을 관리해요. 우리

서울시의 쪽방 현황 내부 자료(2018년 9월 기준)를 입수해 명단에 있는 318채 쪽방 건물의 등기부 등본을 전수 조사했다. 등기가 되어 있는 243채 건물, 270명 소유주(법인 포함)를 조사한 결과, 쪽방 건물 여러 채로 약탈적 임대 행위를 수십 년간 이어오거나 투기 목적으로 매입한 것으로 추정되는 재력가의 사례가 다수 포착됐다. 한국일보 기획취재부 기자들이 쪽방 건물 등기부 등본 수백 장을 펼쳐놓고 건물주들의 면면을 들여다보고 있다.

건물주가 여기 집이 몇 개냐면…… 하나, 둘, 셋, 넷…… 여덟 개 되나? 하여튼 다섯 개는 쪽방이고 하나는 게스트하우스로 개조했어요. 집주인 할아버지 돌아가시고, 자식들에게 다 나눠줬지."

이제 스프레드시트 속 데이터가 말해주는 모든 사실이 주민들의 증언으로 낱낱이 입증됐다. 4개월 동안의 탐사. 수천 장의 문서에 파묻혔던 지난날을 뒤로하고, 그간 사금을 캐듯 건져내 올린 팩트로 기사를 쓰기 시작했다. 그리고 5월 7일, 조간신문 1면에 기사가 나갔다.

2019년 5월 7일자

쪽방촌 뒤엔… 큰손 건물주의 '빈곤 비즈니스'

지난달 4일 정오 무렵, 서울 종로구 동대문역 인근 속칭 창신동 쪽방촌 한가운데 자리 잡은 9.9제곱미터(3평) 슈퍼마켓 앞 평상. 따뜻해진 봄볕을 쬐려는 쪽방 주민들이 삼삼오오 모여들었다. 최미자(가명·62)씨는 이들과 둘러앉아 이야기를 나누다가도, 대낮부터 취한 손님이 소줏값 외상을 요구하자 어림없다는 듯 제값을 다 받아내고서야 돌려보냈다. "그래도 동네에 나쁜 사람은 없다"는 말로 입을 연 그는 빈곤의 나락 앞에 발이 묶인 쪽방촌 주민들의 삶에 기대 곳간을 채워가는 이른바 '쪽방 비즈니스'의 실태를 털어놓았다.

건물 56채에 바늘 하나 꽂을 자리 없이 빽빽하게 들어찬 쪽방 520여 칸. 숨 쉴 틈 없는 이곳 쪽방촌에서 담배 가게 겸 슈퍼마켓을 40년째 운영하는 최씨. 드러나지 않은 그의 두 번째 직업은 이곳 쪽방 주민들의 전출입과 월세 수금을 관리하고 민원을 집주인에게 전달하는 '쪽방 관리인'이다. 타지에 사는 건물주를 대신해 세입자들로부터 방값을 수금하고 각종 잡일을 해주는 대가로 최씨는 신혼 시절부터 초등학생 손녀를 둔 할머니가 된 지금까지 자릿세 걱정 없이 쪽방촌 입구에서 장사를 하고 있다.

"이 동네 집주인 중 쪽방 건물 한 채만 갖고 있는 사람은 없다니까." 창신동 쪽방촌을 속속들이 꿰고 있는 최씨의 말은 사실과 일치했다. 서울 종로구 종로46가길 일대 등기부 등본에 따르면 최씨가 관리하는 쪽방 건물 주인 6남매와 배우자 등 일가—家가 이곳 쪽방촌에 소유한 건물은 8채나 됐다. 현재 영업 중인 쪽방 5채에서만 매달 1437만 원 상당(쪽방 건물 한 채당 평균 방 개수 12.6개에 평균 월세 22만8188원을 곱한 값) 현금 수익을 얻는 셈이다. 1980년대 부친으로부터 쪽방용 건물들을 물려받아 건물주가 된 남매들은 1996년 지하 1층, 지상 5층짜리 빌딩을 인근에 세워 부를 확장했다. 20년 넘게 이 동네에 거주했다고 밝힌 한 주민은 "살면서 집주인을 딱 한 번 봤을 뿐이다"라고 말했다. 수십 년 동안 대를 잇는 쪽방 운영으로 부를 축적해온 건물주 일가는 베일 뒤에 철저히 정체를 숨겨온 것이다.

도시의 빈자. 그들이 거리로 내몰리기 전 그나마 몸을 누일 수 있는 최후의 안식처 쪽방. 아스팔트 바닥이 아닌, 벽으로 둘러싸인 공간에서 지낼 수 있는 것만으로 만족하며 살아야 하는 걸까. 화장실은커녕 몸을 씻을 샤워시설도, 온수와 난방도 허락되지 않으며 성인 한 명이 겨우 다리를 펼 만큼 취약한 공간. '지·옥·고(지하방·옥탑방·고시원) 아래 쪽방'이라는 말이 절로 나오는 곳.

한국일보는 2018년 기준 서울시 소재 전체 쪽방 현황 자료를 토대로 쪽방 건물 등기부 등본을 국내 언론 가운데 처음으로 전수 조사해 도시 빈민 최후의 쉼터 '쪽방'의 실소유주들을 추적했다. 주거 난민에 가까운 쪽방 주민에게 비인간적인 공간을 제공하면서 이를 탈세의 수단으로 이용하고 심지어 월세를 착복하는 등 사실상 착취에 가까운 임대업을 해온 이들. 최저 빈민의 고혈膏血을 짜내 부의 첨탑을 쌓아온 쪽방촌 '빈곤 비즈니스'의 장본인들의 면면은 실로 다채로웠다.

쪽방 건물주 중 서울 강남구 도곡동 타워팰리스 등 고급 주거단지에 거주하는 인물이 적지 않았으며, 강남 건물주의 가족들, 중소기업 대표 등 재력가가 다수 포착됐다. 전직 유명 수능 인터넷 강사는 쪽방 건물 소유를 위한 가등기를 설정해놨고, 고등학생 자녀를 건물 공동 명의자로 등재해놓은 경우도 있다. 쪽방촌 개발 소식에 솔깃해 부산, 광주, 세종, 창원 등지의 큰손들이 재테크를 위해 대거 서울 시내 쪽방을 사들인 사례도 확인했다.

'가장 아래 주거' 쪽방의 실소유주

서울 시내 쪽방은 크게 돈의동, 창신동, 동자동, 영등포동 네 군데 쪽방촌에 분포해 있다. 2018년 서울시의 조사에 따르면 이곳 거주자는 총 3296명(2017년 12월 말 기준 3183명)에 이른다. 쪽방 건물은 주로 노후한 서울 도심 재개발 지역에 있고, 거주자들도 거처가 일정하지 않기 때문에 조사 시점에 따라 건물과 거주 현황에 다소 차이가 발생한다.

본보가 서울시의 쪽방 현황 내부 자료(2018년 9월)에 명기된 318채 쪽방 건물 가운데 등기가 되어 있는 243채 등기부 동본을 전수 조사한 결과, 전체 270명 소유주(법인 포함) 중 188명(69.62퍼센트)이 쪽방촌 밖 다른 지역에 살고 있었다. 김호태 동자동사랑방(용산구 동자동 쪽방촌 쉼터) 대표는 "집주인이 쪽방 건물에 함께 거주하는 경우는 거의 없고, 보통 관리인을 두고 월세 중 일부를 떼어 주거나 공짜로 쪽방에 살 수 있게 하는 식으로 관리를 일임하고 있다"라며 "건물이 쪽방이라는 걸 알고도 부동산을 매입했다가, 개발이 되면 노숙자와 다름없는 거주자들을 쫓아내는 일이 반복되고 있다"고 말했다.

취득 경로에 따라 쪽방 실소유주는 상속·증여자와 투자자로 나뉜다. 지하철역 인근 등 교통의 요지에 위치한 쪽방 건물과 토지를 물려받아 현재에 이르게 된 2세대 건물주, 그리고 2000년대 후반부터 2010년대 초반까지 재개발 호재에 이끌려 이를 매입한 외지인이 실소유주의 두 축을 이루고 있다. 어느 쪽이 되었든, 결국 '돈이 되기' 때문에 대대손손 물려주거나 투자 명목으로 건물을 사들이고는 제대로 수선도 하지 않은 채 월세 수익만 얻는 지대 추구의 비정한 민낯이다.

318채 중 다주택 소유자들이 갖고 있는 건물은 56채(17.61퍼센트)에 달했다. 등기부 등본에 가족관계가 드러나지는 않지만, 이웃들의 증언을 토대로 같은 주소지와 상속 관계 등을 통해 파악, 추정한 결과 일가족 다주택자가 소유한 쪽방 건물은 전체의 22.01퍼센트(70채)까지 늘어난다. 돈의동 쪽방촌의 서모(76)씨는 서류상 확인되는 것만도 4채의 쪽방 건물을 소유하고 있다. 2011년 영등포 쪽방촌 건물 한 채를 매입한 박모(62)씨는 2015년 경매로 나온 동자동 쪽방촌 건물도 하나 사들였다.

개발 소식만 들리면 쪽방을 사들이려는 큰손 투자자들의 행렬이 이어졌다. 사업비 31조 원으로 단군 이래 최대라는 수식어가 붙었던 2006년 용산국제업무지구 개발사업(2013년 무산)과 2007년 창신·숭인뉴타운이 지정됐던 2000년대, 지금의 동자동과 창신동 쪽방 건물주들로의 손바꿈은 각각 15회, 8회였다. 이후 동자동 일대에는 게스트하우스 개발 열풍과, 도시환경정비사업 소식이 들리면서 2010년부터 2018년까지는 현 건물주로의 매매가 19회 이뤄졌다. 2010년 이명박 정부 시절, 이재훈 당시 지식경제부 장관 후보자는 부인이 2006년 종로구 창신동 재정비촉진구역 내 7억3000만 원 상당의 쪽방 건물을 공동 명의로 매입한 사실이 알려져 청문회 단계에서 낙마한 바 있다. 당시 그는 "노후 대비용"이라 해명해 쪽방 주민들의 오갈 데 없는 처지를 이용해 재테크를 한다며 대중의 공분을 샀다.

서울 강남과 지방 큰손들의 매입도 끊이지 않았다. 강남 3구 (서초구·송파구·강남구)에 현주소를 둔 소유주만 25명. 전통적인 부촌으로 꼽히는 강남구 압구정동 현대아파트 주민이나 신흥 부촌 부산 해운대구 마린시티 주민도 쪽방 건물을 사들인 것으로 확인됐다. 타워팰리스에 사는 소유주는 개발 소식이 한창이던 2008년 4억 원 가까운 대출을 받아 37제곱미터 면적에 2층짜리 쪽방 건물을 매입했다. 그의 나이 22세였다. 강남 건물주의 가족들도 가세했다. 당시 강남구 논현동의 건물주 장모(63)씨의 가족은 나란히 이웃한 돈의동 쪽방 건물을 각각 2002년, 2010년 매매와 증여의 방식으로 취득했다.

돈 되는 '투기처'로 전락한 쪽방

부동산 투자자에게 재개발 지역 투자는 시간과의 싸움이다. 언제 첫 삽을 뜰지 모르지만, 먼 미래의 청사진만 믿고 현금 자산과 대출을 끌어와 부동산을 매입한다. 사업 자체가 좌초하거나 예상치 못한 이유로 무기한 유예된다면 꼼짝없이 투자금은 투자처에 묶이게 된다. 하지만 '쪽방촌 투기'는 다르다. 많은 돈을 투입해 '알박기'를 하고 있는 가운데서도 계속해서 쪽방 주민으로부터 현금이 나오는 '캐시카우Cash Cow(확실히 돈벌이가 되는 상품이나 사업)'이다. 부촌의 건물주들이 쪽방촌 건물을 호시탐탐 노리는 이유이다.

'여인숙' '고시원' 간판을 달고 영업하는 극소수를 제외하고 대부분의 쪽방은 무허가 숙박업이다. 부동산 계약서와 보증금 없이 대부분 '방 있음'이라고 적힌 간판 아래 전화번호로 연락해 관리인과 만나 그 자리에서 구두로 계약이 이뤄진다. 쪽방 건물 한 채당 매달 287만5168원(평균값을 통한 추정)을 현금으로 받으면서도 카드 결제나 현금 공제가 되지 않아, 수익은 드러나지 않는 '그림자 현금'의 형태로 집주인의 주머니 속으로 흐른다. 대다수 쪽방 소유주가 쪽방 영업을 탈세 창구로 사용한다는 의미이다.

용산구청에 따르면, 서울 시내에서 가장 쪽방이 많은 동자동 쪽방촌에서 여인숙과 고시원으로 영업하는 경우를 제외하고선 숙박업으로 등록해 운영하는 쪽방은 단 한 곳도 없다. 수완만 좋다면 쪽방 관리인도 많은 돈을 벌기도 한다. 돈의동에서 9채 건물에 100칸 상당 무허가 쪽방을 한꺼번에 관리하는 60대 여성은 "집주인으로부터 전대(임차한 것을 또다시 남에게 빌려 주는 것)한 형식으로 쪽방을 관리하는데, 공실만 없다면 매달 수익이 1000만 원에 이른다"고 말했다.

갈수록 주거 비용이 가파르게 올라 고시원·쪽방 등 주거 난민 처지에 놓인 이들이 늘어나고, 쪽방의 투자 가치가 높아지자 멀쩡한 집을 쪼개 쪽방으로 운영해 돈을 벌려는 조짐까지 확산하고 있다. 지난해 종로구청은 지하철 4호선 동대문역 인근에서 불법 개조를 해 새롭게 쪽방 영업을 시작하려는 건물주를 적발했다. 해당 건물은 기존 창신동 쪽방촌이 아닌 길 건너에 지어진 신축 건물이었다.

인간다운 삶은 뒷전…'혈세'는 집주인 주머니로

쪽방의 평균 평당 임대료 18만2550원. 서울 전체 아파트의 평균 평당 월세인 3만9400원의 4배를 훌쩍 뛰어넘는 임대료를 내면서도 쪽방 주민들은 최소한의 주거 환경도 보장받지 못하는 게 현실이다. 1.6~6.6제곱미터(0.5~2평) 내외의 좁은 면적에, 밥을 해먹을 공간도, 샤워실이나 화장실도 갖춰져 있지 않다. 창신동에 거주하는 이모(80) 할머니는 씻기 위해 일주일에 2회 버스를 타고 20분 남짓 거리에 있는 종로노인종합복지관에 간다. 매달 20만 원을 방세로 내는 이 할머니는 "차가운 물만 나오는 수도꼭지가 덜렁 설치돼 있을 뿐, 세면대도 없어 따뜻한 물에 손 씻을 기회도 귀하다"며 "지난겨울에는 집 안에서도 입김이 나올 정도로 추워 패딩 조끼를 입고 지내도 감기가 떨어지지 않았다"고 말했다.

안전을 문제 삼아 자치단체가 쪽방을 강제적으로 폐쇄하는 법적 조치를 검토할 수 있다. 하지만 그렇게 되면 많은 쪽방 주민들이 거리로 내몰리게 돼, 대부분의 자치단체는 적극적인 단속을 벌일 수도 없는 노릇이다. 혹서기 또는 혹한기마다 많은 정치인이 얼굴을 내비치는 '빈곤의 무대'로 쪽방을 활용했지만, 40년 이상 무허가 영업을 하는 이면에 숨겨진 근본 구조에 질문을 던지는 이는 없었다. 종로구청 관계자는 "큰불이라도 날까봐 10년 전부터 구청 예산으로 두꺼비집(누전차단기)과 화재경보기를 달아주고 집을 고쳐주고 있다"라며 "가끔 건물주가 해야 할 의무를 구청이 대신하는 것에 회의감이 들 때도 많다"고 말했다.

더 큰 문제는 빈곤계층을 위해 국민 혈세로 제공되는 복지
가 결국 집주인의 주머니로 흘러들어 간다는 점이다. 서울시
의 '2018 서울시 쪽방 밀집지역 건물실태 및 거주민 실태조
사 결과보고서'에 따르면 기초생활수급자와 차상위계층 등 정
부 보조를 받는 수급자는 전체 쪽방 주민의 67.1퍼센트(응답
자 2144명 중 1440명)에 달한다. 서울 기준 1인 가구는 주거급
여로 23만3000원 안에서 실제 월세를 지원받는데, 결국 그
돈이 곧바로 쪽방 실소유주들에게 흘러가는 형국이다.

허술한 법의 울타리 안에서, 쪽방 주민들은 생애 단계마다 크
고 작은 착취를 경험한다. 영등포 쪽방촌에서 7년 동안 거주
중인 박모(42)씨는 "지체장애 2급의 한 주민(53)이 2년 가까
이 매달 100만 원씩 집주인에게 뺏기는 걸 목격했다"라며 "통
장에 수급비 등이 들어올 때마다 터무니없이 높은 가격의 식
비와 관리비를 핑계로 은행까지 따라가 돈을 빼앗는 일이 허
다하지만 쪽방촌 안에서 기댈 곳은 이웃밖에 없다"고 말했다.
주민의 안전이야 뒷전이고 공실이 생기지 않아야 하니 장애인
주민이 착취를 피해 다른 쪽방으로 달아나도 기어코 다시 데
려오는 일이 비일비재하다고 한다.

서울시도 손을 놓고 있었던 것은 아니지만, 환경을 개선하거
나 기존 주택을 전대해 시설을 보수하는 형식에 그쳐 정책적
한계가 컸다는 지적이 나온다. 서울시는 2016년부터 기존 쪽
방 건물을 전대해 내부를 수리한 후 시세 70퍼센트 정도의 저

렴한 임대료로 주민들에게 재임대하는 '저렴한 쪽방 임대 지원 사업(저렴쪽방)'을 운영하고 있다. 도배와 장판을 새로 해주고 전기, 소방 시설이나 보일러를 교체해주는 대신 5년 동안 임대료 인상을 금하는 효과가 있었다. 하지만, 세금이라는 시민의 공적자산과 기업이 일부 공헌하는 자금으로 쪽방 건물주의 자산 가치만 증식하는 데다 사업이 끝나면 그 모든 게 건물에 귀속된다는 비판을 피할 길이 없다.

2015년 게스트하우스로 용도 변경을 하려던 집주인이 주민들을 강제퇴거시키며 한 순간에 많은 이들이 삶의 터전을 잃었던 동자동 9-20번지는 현재 '저렴쪽방'으로 운영되고 있다. 주민들의 공사중지가처분 신청이 법원에 받아들여졌고, 서울시가 적극적으로 개입한 결과다. 재래식 화장실은 양변기로 교체됐고, 방문은 나무문에서 철문으로 바뀌었다. 하지만 이 건물 주민들은 대부분 "문과 벽지만 좋아지고 바뀐 것이 없다"고 입을 모은다. 주거 불안은 여전히 실존하기 때문이다. 박승민 동자동사랑방 활동가는 "내년이면 '저렴쪽방 사업' 기한인 5년이 임박해 또 살 곳을 찾아야 할지 모르는데, 최근 이 일대에 개발 소식이 꿈틀대 주민들이 불안해하고 있다"며 "궁극적으로는 시가 공공매입 형식으로 공공쪽방을 직접 공급하는 것이 보다 근본적인 해결책이다"라고 주장했다.

이혜미 기자, 자료 정리=조희연 인턴 기자

'지옥고 아래 쪽방'
그 후

쪽방촌에 배달된 신문

"여우 같은 게 사람들 살랑살랑 꼬셔서 기사를 써? '꽃뱀'이
다른 게 있는 게 아니라 당신 같은 사람이 '꽃뱀'이야!"

첫 번째 기사가 나간 5월 7일 오후. 박선기씨의 휴대전화 번호
로 전화가 왔다. 전화를 받자마자 들려오는 카랑카랑한 목소리.
S 슈퍼의 주인 최미자씨였다. 생각했던 반응이었지만 언어는 더
욱 거칠고 날카로웠다. 듣도 보도 못한 비속어가 쏟아졌다. '중간
관리인'으로 지목해, 비록 기사에서 악인화(적어도 방조자로 보이
게)했지만 최씨에 대한 개인적인 감정은 그리 나쁘지 않았다. 아
니 적어도, "내가 이 동네 사람들 다 신경 쓰고 명절에 밥이라도

해 먹인다"는 그의 말은 진심으로 다가왔다.

"네가 이 동네에 대해서 뭘 안다고 꼬리 살랑살랑 치면서 이 야기 듣고 이렇게 기사를 써? 이 동네 사람들은 다 너를 믿었다고! 이 꽃뱀 같은 년이."

5분 정도 쏟아지는 비속어에 단 한마디도 대구하지 않았다. 온갖 육두문자를 들으면서도 혹시라도 법적 분쟁으로 흘러갈 경우 괜히 쓸데없는 이야기를 했다가 빌미를 줄 수 있다는 생각이 번뜩 드는 걸 보니 '나도 참 기자 다 됐다'는 생각에 웃음이 피식 새어나오기까지 했다.

최씨는 단단히 화가 나 있었다. 말을 하진 않았지만, 동네 관리인들끼리 기사를 돌려보고 또 집주인에게도 한마디를 들은 것 같았다. 난생처음 들어보는 '꽃뱀'이라는 수식어는 몹시 생경해, 나를 향한 공격이라는 것조차 와닿지가 않았다.

그것보다 신경 쓰이는 것은 박선기씨에 대한 불이익이었다. 기사에서 가명을 썼지만, 박씨와 나의 친분은 창신동 쪽방촌에서는 이미 알려질 대로 알려져 있던 상황이었다. 어쩌다 박씨와 점심을 먹고 골목을 지나가면, 뒤에서 주민들은 "박씨 애인 오늘 또 왔네"라고 하기 일쑤였다. 생애사를 듣기 위해 쪽방에 박씨와 함께 들어가 있으면, 옆방 아저씨는 미닫이문을 벌컥 열었다가도 음흉한 눈빛으로 인사만 하고 돌아가기도 했다. 이 모든 모멸적 상황을 참고 견딘 건, 쪽방촌에 흐르는 착취 생태계는 누군가 반드시 이야기해야 하고 또 이를 지켜야 한다는 마음 때문이었다. 내몰린 이들에 대해 쓰는 것만이, 그들을 온전히 지켜내는 방법이라 믿으며 알 수 없는 힘이 안으로부터 솟아올랐다.

"돈 있는 게 죄야? 있는 사람들이 이걸 좀 빌려주겠다는데, 쪽방 없어지면 이 사람들 다 없어지는데. 네가 월세라도 대줄 거냐고."

본인도 세입자면서 건물주의 이익을 대변하는 최씨였다. 나는 토지나 건물 등 부동산으로 경제적 이익을 뽑아낼 권리 이전에, 모든 사람이 인간답게 살 수 있는 공간이 필요하다는 주거권이 우선한다고 생각한다. 집을 임대해서 최대한 많은 돈을 버는 권리보다 사람의 행복을 우선시하는 권리를 채택하는 세상이어야 한다고 생각한다. 특히 이번 생에 운이 특별히 좋지 못한 이들을 대상으로 폭리에 가까운 임대업을 하는 것은 '또 다른 권리'가 아니다.

"그래서 보일러도 없이 월세 25만 원씩 따박따박 받는 게 옳다는 말씀이에요? 적어도 사람이 살 정도는 제공해야 할 거 아니에요."

예기치 못한 반격에 최씨는 한참을 어버버하다 '다시는 이 동네 얼씬도 하지 말라'는 경고를 남기고 전화를 끊었다. 그 후로 한참 동안 나는 지하철 '동대문역' 인근에 발을 들이지 못했다. 한때 좋은 친구로 지냈던 박씨와도 도통 연락이 닿질 않았다.

나쁜 반응만 있었던 건 아니다.

기사는 예상보다 훨씬 많은 주목을 받았다. 연사로 이곳저곳에 불려다니면서 '기자협회 이달의 기자상' '올해의 데이터기반

탐사보도상 '온라인저널리즘 대상' 등을 수상하며 바쁜 나날을 보냈다. 영예로운 상을 받는 자리, 미래의 저널리즘을 논하는 자리 등 어느 것 하나 영광스럽지 않은 연단이 없었으나, 5월 29일 동자동 쪽방촌 주민 앞에 섰던 날을 잊지 못한다.

서울역 정문 맞은편, 반짝이는 LED 등이 흡사 매스게임처럼 보이는 서울스퀘어 빌딩 바로 뒤, 동자동 쪽방촌에 1054명[20]의 사람이 모여 살고 있다. 얼핏 봐도 동자동은 그나마 훈기가 도는 느낌을 주는데 그 중심에는 주민협의체인 '동자동 사랑방(사랑방 마을 공제협동조합)'이 있다. 1000원에 조합원으로 가입하고 쌈짓돈을 출자금으로 내어 어려운 사람들끼리 대출을 해준다. 여느 쪽방촌에 비해 주민들끼리 사이가 돈독하고, 서로 살핀다는 분위기를 온몸으로 느낄 수 있다.

"아니, 김씨가 자기 도장 파야 한다고 2만 원인가 받을 수 없느냐고 하던데."

"아, 안 돼요. 주지 마세요. 김선생님 그걸로 또 술 마셔요. 절대 주지 마세요."

시중 은행이라면, 돈을 맡긴 사람이 찾겠다는데 이를 두고 지급 불가능을 말하기는 어려울 것이다. 하지만 이웃 수백 명이 5000원, 1만 원씩 모은 돈에는 정말로 주민들이 필요로 하고 자활을 돕는 곳에 쓰여야 한다는 마음들이 암묵적으로 모여 있다. "자! 여기!" 한 할아버지는 얼마나 어렵게 모았을지 모를 1만 원을 꼬깃꼬깃하게 접어 활동가에게 건네고는, 쑥스러움과 의기양양한 표정을 동시에 지었다. 인간을 쓸모와 생산성으로 납작하게 부품화해 버리는 사회에서, 이들이 보람과 성취감을 느낄 기회는 많지 않다.

주민협의체가 있고 언론 노출이 잦아서인지, 다른 쪽방촌에 비해 주민 편의시설도 많다. 쪽방촌 한복판에는 공동 세탁실이 있고, KT가 지어준 희망나눔센터에는 세탁실, 샤워실 등 편의시설과 함께 주민들의 자활을 도모하는 공동작업장도 마련돼 있다. 게다가 용산참사진상규명위원회나 홈리스행동, 빈곤사회연대 등의 활동가들도 동자동 사람들과 함께하며 돈독하게 연대하고 있는 터이다.

"기자님, 저희가 신문을 주민들에게 좀 나눠주고 싶어서요. 4000부 정도 구할 수 있을까요?"

'지옥고 아래 쪽방' 보도 직후 이동현 홈리스행동 활동가로부터 텔레그램 메시지를 받았다. 요새 신문 한 부가 1000원이니 4000부면 400만 원이었다. 반빈곤운동활동을 하는 단체에, 그만한 돈이 있다고 하더라도 냉큼 받을 순 없었다. 게다가 며칠 지난 신문은 구하기조차 어려웠다.

"그러지 마시고 PDF로 기사만 구매하신 뒤 복사하시죠."

내 제안을 곰곰이 생각하던 이 활동가는 PDF를 구매했다고 답했다. 그때까지만 해도 고작해야 기사를 복사해 주민들에게 나눠주거나, '동자동 사랑방' 게시판에 붙여둘 것이라고만 생각했다. 상상도 못 했다. '쪽방 신문 모아보기'라는 신문을 직접 편집해, 서울 시내 전체 쪽방촌에 이 신문을 배포할 줄이야. 그리고 이 기사가 쪽방 주민들에게 그런 의미를 가질 줄이야. 5월 중

순부터 활동가들은 이 신문을 서울 4대 쪽방촌 가가호호에 배달했고, 그곳에 적힌 일정과 장소 정보를 보고 쪽방촌 사람들이 모여들었다.

그리하여 5월 29일, 동자동 희망나눔센터 연단에 나는 서 있었다. 어쩌면 '선무당' 기자보다 훨씬 '쪽방 전문가'인 주민 40여 명 앞에서. 쪽방은 왜 서울 시내 번듯한 아파트의 평당 평균 월세보다 비싸야 하는지, 이렇게 열악한 보금자리마저 재개발로 인해 사라지진 않을지 궁금해하고 걱정하던 쪽방 주민들은 스스로 '주거권 교육'을 받기 위해 자신의 저녁 시간을 헐어 이곳에 왔다. 다른 쪽방촌에서 원정 교육을 바로 온 이들도 있었고, 주민들의 손에는 '쪽방 신문 모아보기'가 한 부씩 쥐여져 있었다.

"기자님, 주민분들이 강연 같은 형식에는 익숙하지 않으셔서요……. 최대한 쉬는 시간을 많이 가지면서 진행하셔야 할 것 같아요."

가뜩이나 긴장하고 있는데 관계자 여러 명이 돌아가면서 당부를 했다. 지금까지 내가 상대했던 이들은 누구였던가. 언론사 준비생, 지역 기자, 혹은 미디어 콘퍼런스에 참석했던 업계 종사자들이었다. 누가 봐도 먹물깨나 먹은 인물들을 상대로 강연을 하는 일은 차라리 쉬웠다. 산전수전 겪은 비非먹물, 그러나 자기 분야에서는 탁월한 전문가인 이들을 어린 나이의 기자가 어떻게 돌파해야 한단 말인가. 허술한 빔 프로젝터로 쏘아올린 조악한 PPT는 해상도가 떨어져 식별이 어려웠다. 의지할 것은 아무것도 없었다. 내가 5개월 동안 준비한 기사에 대한 진정성뿐이었다.

주어진 시간은 두 시간. 마이크를 잡고 힘겹게 이름을 또박또박 말했다.

"안녕하세요. 저는 한국일보 기자 이혜미입니다."

긴장이 극에 달해 심장이 두근거리고, 등줄기와 겨드랑이 온갖 곳에서 땀이 차올랐던 순간, 좌중 속에서 박수가 쏟아져 나왔다.

아주 곤란하고 힘겨운 두 시간이 될 것이라는 예상과 달리, 그리고 활동가들의 당부와 달리, 쪽방 주민들은 엉덩이 한번 떼지 않고 이야기를 열심히 들었다. 눈빛을 반짝이면서 '쪽방 신문'에 메모를 틈틈이 하며 집중력을 잃지 않았다. 모두의 걱정이 무색할 정도였다.

'서울시 318채 쪽방 건물 실소유주 다수가 실제로는 부유층이며, 다른 곳에 살면서 관리인을 두고 월세만 챙긴다'는 한국일보 보도에 대해 설명할 때는, 주민 다수가 말끝마다 추임새를 넣었다. "쪽방 사람들은 저거 다 아는 이야기야." 실소유주의 면면을 살피고는 "돈이 되니 알을 박는다"며 혀를 찼다.

질의응답 시간에 주민들은 앞다퉈 손을 들어 기자에게 말을 건넸다. 그중 발표자를 곤란하게 만드는 질문은 단 한 가지도 없었다. 기자와 기사에 대한 감사가 대부분이었다. 누군가는 앞으로의 관심을 호소했다. 단 한 번 보도에 끝나지 않고 앞으로도 지속적으로 관심을 가져 달라는 당부였다. 간혹 아무도 들어주지 않아 답답해했던 애로 사항을 토로하는 시간이기도 했다. 그중에는 창신동 쪽방촌에 배달된 '쪽방 신문'을 보고 먼 걸음을 한 안현수(61)씨도 있었다.

"노숙인 보호시설에 있었는데, 이렇게 살다가는 인생을 망칠 것 같더라고요. 1년 전쯤부터 종로구 창신동 쪽방촌에서 살고 있긴 한데, 방을 구하러 다닐 때 참 기가 막혔어요. '샤워실도 없는데 이런 곳에 어떻게 사느냐'고 했더니 관리인이 '싫으면 나가라'고 하더라고요. 저 말고도 들어올 사람은 많다는 거죠. 시청이나 구청이 쪽방촌에 공동생활 시설을 지어주고 호의를 베푸니 오히려 건물주들이 세입자들 요구에 '배 째라'는 식이에요."

평균적으로 월세 22만8188원을 낸다고 하기엔 터무니없이 열악한 쪽방의 사정을 쏟아냈다. 건물주가 방문을 달아주지 않아 한겨울에도 방풍 비닐에 기대 지냈다는 믿지 못할 이야기도 터져나왔다. 수도관이 동파되어 야외 철제 계단이 빙판이 되었지만, 집주인과 연락이 닿지 않아 얼어붙은 계단을 겨우내 내려오지 못했다는 2층 어르신의 이야기를 들으면서는 인간성 상실이 서울 한복판에서 이뤄지고 있다는 것에 분개했다.

"여기 주민들이 대부분 50~70대예요. 각자의 사연과 지병 때문에 어쩔 수 없이 살고 있는데, 가진 것 없고 초라한 이들을 착취하는 건물주의 횡포는 이루 말할 수가 없습니다. 기사를 보고 참 반가웠어요. 서울시가 나서서 그런 속 시원한 정책을 마련할 수 있도록, 기자님이 계속 힘 좀 써주세요."(57세 윤용주)

한가운데에서 가장 열심히 이야기를 듣던 김동신(56)씨도 손을 들고 이야기를 시작했다.

"비가 새도 집주인을 원망하는 것 말고는 할 수 있는 게 없었어요. 화장실 바닥 타일이 깨져 발을 다칠까 조마조마했는데, 고쳐달라고 할 수도 없었어요. 괜히 저뿐만 아니라 이웃마저 피해를 볼 수 있으니까요. 하지만 오늘을 계기로 이젠 집주인에게 당당하게 요구할 겁니다. 아이 캔 두잇I can do it!"

동네 주민들은 다 같이 박수를 치며 환호했다.

그리고 이들의 소식을 다시 듣게 된 건, 기사를 계기로 주거권 교육을 받고, 6월 중순 서울 시청 앞에서 쪽방 주민의 주거권 보장을 위한 문화제를 열었을 때였다. 30명쯤 되는 주민들은 박스에 '쪽방 주민 살려내라'와 같은 글귀를 쓰고, 쪽방촌 개발에 밀려나는 쪽방 주민의 주거권을 보장하라고 주장했다.

쪽방 주민들이 옹기종기 모여 앉아 있는 곳은 고작해야 10평도 되지 않아 보였지만, 이들을 둘러싼 경찰은 노란 '폴리스 울타리'를 설치하고 있었다. 그곳에는 '선을 넘지 마시오'라는 경구가 쓰여 있었다.

영화 「기생충」이 비극으로 끝난 것도 결국 하류 시민이 '선을 넘은' 것이 발단이었다. 우리 사회에서 대체 '선'은 어디에 그어져 있는 걸까. 그리고 그 선은 누가 긋는 걸까. 왜 하류 인간들은 선 밖에 머무르거나 쪽방촌이라는 특정 게토에 격리돼 살아야만 하는지, 그 기준은 무엇인지. 결국 '돈'과 사람의 '쓸모'인 건지. 아니면 영화가 지긋지긋하게 말하던, 사람에게서 나는 냄새 탓인 건지…….

당장 답을 내릴 수 없는 질문들이었다. 그러나 '빈곤 비즈니스'를 다룬 '지옥고 아래 쪽방'을 쓴 기자로서는 세상의 위선에 토악질이 나올 정도로 괴로운 심경으로 집회를 멀리서 바라봤다. 내 기사가 응답하지 않는 국가, 가장 아래의 곳까지 시선을 두지 않는 정치라는 현실을 간과한 채 주민들에게 기약 없는 희망만 심은 것은 아닌지…… 괴롭고, 또 괴로웠다.

그로부터 넉 달쯤 뒤인 10월 24일 국가는 관계 부처 합동 대책을 발표한다. '아동 주거권 보장 등 주거지원 강화 대책' 가운데 '등'에 포함된 내용으로 쪽방·고시원 등에 사는 취약계층에 대한 주거 정책을 넣은 것이다. 기사가 지적한 모든 지점을 반영한, 말 그대로 '종합 대책'이었지만 어쩐지 기쁘지만은 않았다. 대책의 이름이 '아동 주거권 보장 등'인 것도, 취약한 아동 주거를 지원하는 데에는 아무도 이의를 제기하지 않겠지만 도시 빈민에게 들어가는 세금은 다들 아까워하기 때문일 것이다. "국민 반대를 최소화하기 위해 아동을 앞세웠다"는 공무원의 말에 허탈함을 감추지 못했다. 그렇게 빈자는 국가로부터 먼지 존재가 지워진다.

|

다시 만난 박씨

그동안 박씨와는 연락이 닿지 않았다. 마음 한구석에서 부채감이 밀려왔다. 혹시나 쫓겨난 것은 아닌지, 나에게 화가 난 것은 아닌지 걱정만 맴돌았고 먼저 연락을 할 용기가 생겨나진 않았다. 게다가 내 보도를 계기로 현장을 찾은 타방송국 PD들의 전언에 따르면, 보도 이후 동네 분위기는 쑥대밭이나 다름없었다고 했다. 카메라를 들이대기만 하면 '한국일보' 욕을 하기 바빴고, 사실 확인을 위해 몇 마디를 물었을 때 도무지 음성 변조를 하고 편집을 해서도 쓸 수 없을 정도로 날것의 육두문자만이 흩뿌려졌다고 말해줬다. 그런 상황에서 동네에 다시 가서 만남을 가지기도 어려웠고, 바쁘다는 핑계로, 그리고 애써 긁어 부스럼 만들지 않는 것이 현명하다고 자위하는 가운데 박씨와의 연은 그렇게 끝날 줄 알았다.

'카톡!'

겨울에 고깃국을 사주겠다던 말을 기억하고 박씨가 가을에 연락을 해왔다. 정확하게 표현하자면 스마트폰 게임의 '하트'를 보내왔다. 무언의 메시지로 여겨졌다. '이젠 난처하지 않으니 먼저 연락을 달라'는. '잘 지내시느냐, 기사로 많이 곤란하셨을 듯하여 먼저 연락을 하지 못했다'는 뻔뻔하고 괘씸한 메시지에도, 그는 '잘 지내고 있다. 아가씨도 잘 지내고 있느냐'고 화답했다.

'좋은 일을 할려고 하신일인데 동네사람들이 이상하게 받아들여서 저도 미안한생각이 들어요 이 동네 말고 다른곳에서라도 한번 만 나서 말씀을 드리고 싶네요'

이 카카오톡 메시지가 만약 손 글씨였다면 아마 갓 한글을 뗀 문맹 노인이 삐뚤삐뚤하게 쓴 편지를 닮지 않았을까 하는 생각을 일순 했다. 띄어쓰기와 맞춤법이 제각기인, 그러나 성품이 너그럽고 따뜻한 박씨의 마음을 투영하기라도 하듯 행간에서는 온기가 전해졌다.

'네, 아저씨라도 그렇게 이해해주셔서 감사해요. 항상 이후로도 마음에 걸렸었고 연락 드리고 싶었어요.'

용기를 다해 메시지를 보냈다. 그리고 5분 뒤에 그로부터 답장이 왔다.

'저도 같은 마음이에요.'

나는 그를 직접 만나 더 자세하게 자초지종을 얘기해야겠다고 생각했다. 그것이 나의 짧은 기자 인생 가운데 만난 최고의 취재원에 대한 예의라고 생각했다. 2019년 처음으로 기온이 영하로 떨어진 주, 박씨에게 고깃국을 대접하기 위해 남대문 시장 인근 한국은행 앞에서 만났다. 1년 전 이날쯤, '올 들어 가장 추운 날 쪽방촌 풍경' 기사를 쓰기 위해 쪽방촌으로 가서 박씨를 만났던 기억이 나서 참 묘했다. '보통 곰탕'이면 된다는 박씨를 수차례 설득해 1만8000원짜리 '특곰탕'을 두 그릇 시켰다. 몸속 깊은 곳에서부터 따뜻한 마음이 들었다.

박씨는 기자의 변명 같은 건 듣고 싶어하지 않아 했다. 물론 기사가 나가기 전 기사의 취지나 주제에 대해 설명을 해두었지만, 그래도 좁디좁은 동네에서 기사로 난처한 상황에 처했을 것은 자명했다. 괘씸죄로 퇴거될 상황에 대비해 나는 반빈곤운동 활동가들에게 특별히 박씨를 신경 써달라고 당부해두기까지 했다. 기사 이후 창신동 쪽방촌에 대한 일종의 출입 금지를 당했기 때문에. 혹시 모를 상황에 임시방편으로 그가 머물 집을 위한 월세 분을 통장에 떼어두기도 했다. 결과적으로는 20년 동안 살았던 그를 내칠 정도의 야박한 동네는 아니어서 다행이었다.

"사람들이 근본적으로 생각하질 못해요. 먹고살기가 힘드니까, 그냥 김치 주고 쌀 주고 하면 좋아하니까요. 동네 사람들은 그 기사를 싫어할 수밖에 없지. 아가씨가 왜 그렇게 썼는지도 나는 이해해요. 다 지난 일이고, 쪽방촌 사람들은 하루 지나면 다 까먹어버리니까 너무 신경 쓰지 마."

그는 오히려 기자를 위로했다. '근본적으로 생각해야 한다'는 그의 말에, 나는 한 사람의 총기와 통찰력에 대한 고민을 다시 하게 됐다. 박씨는 '무학無學'이다. 현명하다는 건 학력이 높고 사회에서 번듯한 지위를 가져야만 갖출 수 있는 것일까. 나는 박씨의 이 문장에, 학력과 관계없이 개인은 잠재력이 있고 세상에 대한 인식은 계속해서 확장할 수 있다고 믿게 됐다. 박씨를 1.5평 쪽방에 20년 동안 가둬버린 것은 우리 사회의 잘못이자 손실이다. 2018년 11월 11일 저녁, 창신동 쪽방촌에서 박씨를 만날 수 있었던 건 인생에 몇 없을 행운이었다.

2부

대학가 신족 방촌

서울 대학가 원룸촌이 불법 쪼개기 개조로 '신新쪽방촌'으로 바뀌고 있다. 청운의 꿈을 품고 상경한 지방 청년들이 처음으로 독립생활을 하는 '방 한 칸.' 그 한 칸마저, 월세를 더 걷기 위해 세 칸, 네 칸으로 쪼개어 만드는 것이 건물주들의 '투자 공식'이 되었기 때문이다. 그러면서 건물주는 기숙사 신축을 한사코 반대하고, 행정기관은 독버섯처럼 퍼지는 '신쪽방'을 보고도 묵인하며, 대학은 기숙사 마련에 소극적으로 일관해 여러 요소가 쿵짝이 맞은 결과다.

2019년 현재 대한민국에서는 쌓은 자본이 없어 가난한 청년이 최저 실존을 위해 몸 누일 공간 '한 쪽'을 얻으려 몸부림치고 있다. 그리고 누군가는 그들의 '가난해서貧' '괴로운困' 상황을 이용해 폭리를 취하고, 착취에 가까운 임대업으로 부의 첨탑을 쌓아가고 있다. 이른바 '빈곤貧困 비즈니스'다.

자전적
'주거 난민' 이야기

20대의 나는 '주거 난민'이었다

'이번 학기에는 또 어디서 살아야 하나…….'

대학 시절, 어김없이 개강 3주 전이면 심장이 미친 듯이 뛰었다. 이번 학기는 어디서 살지, 집은 어떻게 구할지, 월세는 어떻게 마련할지, 아르바이트를 더 해야 하는지……. 실존과 맞닿아 있는 현실적인 고민을 하다보면 '나는 대단한 입신양명을 하려는 것도 아니고 오로지 학업을 하고자 하는 것인데, 왜 이렇게 비참한 20대를 버텨야 하는가' 하는 괴로움에 흠뻑 젖어들었다.

'기숙사(한 학기 60만~70만 원) → 하숙(한 달 33만 원) → 반지하 원룸 7개월(보증금 1000만 원 월세 35만 원) → LH 매입임대

주택(보증금 100만 원 월세 9만 원) → 산동네 분리형 원룸(보증금 1000만 원 월세 35만 원) → LH 대학생 전세자금대출(전세 7000만 원에 대한 매달 이자 11만 원)'이라는 궤적은 2009년 대학에 입학해 2014년 졸업할 때까지, 불과 만 5년 6개월 동안 서울에서 유학하며 거쳐야 했던 나의 주거 역사다. 그나마 다행이었던 것은 '어중간하게' 가난한 것이 아니라 최저 소득 분위에 '명징하게' 가난했던 탓에 이러저러한 복지 혜택을 받을 수 있었다는 점이다. 물론 운 좋게 굴러들어온 호박 같은 것들은 아니었고, 방학 내내 LH, SH, 학교 홈페이지 등을 샅샅이 훑은 결과였다.

누군가는 스무 살에 가정으로부터 독립한 것을 두고 '낭만'이라 하겠지만, 겨우 장학금을 받아 서울로 대학을 갈 수 있게 되고, 입학 직전 과외 아르바이트로 모은 100만 원만 손에 쥐고 상경한 나로서는 야생에 던져지는 것과 다름없었다. 내게 '집'은 결코 안정을 주거나 휴식을 취할 공간이 아니었다.

너무 가난해서 월세 40만 원 이상의 원룸은 꿈도 꾸지 못했다. 보증금 1000만 원이 집에서 해줄 수 있는 최선이었다. 물론나는 너무나도 잘 안다. 이 역시 마련하지 못하는 청년들이 수두룩하다는 것을.

월세 35만 원 원룸에서 살 때는 생활비에 잉여 자금까지 모아야 한다는 강박에 과외 아르바이트를 네 개씩 하고, 교내에서 아르바이트를 하며 매달 200만 원 가까이 벌어 '과외 재벌'이라는 별명이 붙었다. 결코 자발적인 열정은 아니었지만, 이 돈을 모아서 대학 3학년 때에는 미국 뉴욕을 다녀왔고 5학년까지 길어진 대학 생활을 겨우겨우 마쳤다. 물론 나는 이 역시 너무나도 잘 안다. 가난하면서도 '과외'라는 고수익 아르바이트를 할 수 있고, 경쟁률이 치열하기 짝이 없는 교내 '꿀알바'를 쟁취할 수 있었던 것도 내가 부유한 학생들이 대거 모인 사립 명문대를 나온 까닭이라는 것을 말이다.

1년 동안 함께 살면서도 청소를 단 한 번도 하지 않는 룸메이트와 방을 나눠 썼지만, 씻기 위해서는 목욕 바구니를 들고 공용 샤워실로 향해야 했지만, 공용 냉장고에 넣어놓은 요구르트는 손도 대지 않았는데 항상 사라지곤 했지만, 한 학기에 60만~70만 원만 내고 살 수 있었던 기숙사는 '주거 안정'의 측면에서 최고의 숙소였다.

2학년이 되자마자 학교는, 나의 고향이 얼마나 멀든, 나의 형편이 얼마나 좋지 않든 상관없이 신입생을 위해 퇴거를 통보했다. 엄마에게 '고액 보증금'을 요청하고 싶지 않았기에 겨우내 살 집을 구하러 다니면서 헤맸으나, '고시원'만큼은 끝까지 들어가고 싶지 않았다. 그래서 경의선 철도가 다니는 철길 옆 하숙집을 월 33만 원에 들어갔다. 1인실보다 더 저렴해 생판 모르는 사람과 2인 1실로 지냈다.

기찻길 옆 오막살이라도 밤은 안온할 줄 알았다. 그러나 보름도 되지 않아 하숙을 떠나 반지하 원룸으로 떠나버린 까닭은, 새벽에도 20분 간격으로 지나가는 기차 때문이었다. 여객 철도만 염두에 두었기 때문에 심야에도 기차가 있을 줄은 꿈에도 생각지 못했다. 화물 기차는 새벽 내내 달렸고, 기차가 한 번 스쳐

지나갈 때마다 낡은 단독주택 벽과 창문이 갈대처럼 흔들렸다. 멀리서 기차가 오는 소리에 심장이 쿵쾅거려 정신병이 덮칠 것 같다는 생각이 들어서, 또 냉장고에서 '달걀' 하나 꺼내 구워 먹는 것도 눈치를 주는 하숙집 주인 탓에, 한 달을 채 채우지 못하고 인근 반지하 원룸을 보증금 1000만 원 월세 35만 원에 구해 이사를 나갔다.

그 원룸에서 함께 살던 생물은 '지렁이'와 '꼽등이'였다. '공용 세탁기'를 쓰고 싶지 않아서, 베란다에 개인 세탁기를 놓아달라고 요청한 것이 탈이었을까. 어느 순간부터 베란다에는 매일 지렁이가 한 마리씩 출현했다. 하수구에서 올라오는 건지, 내가 찾을 수 없는 어떤 틈을 비집고 들어오는 건지는 알 수 없었다. 하지만 매일매일 나무젓가락으로 지렁이를 잡아 길 밖에 버리는 것은 고역이었고, 외면하고 싶어 가만히 두면 햇볕에 말라 쭈글쭈글해져 결국 마른 탯줄 모양이 됐다. 그리고 건어물이 되어버린 지렁이에서는 썩은 간장 냄새가 났다. 그렇게 타일에 엉겨붙은 지렁이는 사체가 아닌 '흔적'이나 '자국'이 된다. 그러면 비로소 락스 물을 풀어 매일매일 베란다 청소를 했다.

반지하 현관문 앞 열쇠를 꽂는 곳에 꼽등이가 떡하니 자리를 차지하고 있어, 강제로 산책을 했던 것도 여러 날이다. 그런데도 왜 집주인에게 말하지 않았냐고? 학교 근처에서 이 가격에 살 수 있는 곳은 흔치 않았다. 그리고 여러 번의 이사에 나는 이골이 날 대로 나 있었다. 무엇보다 어린 나이의 나는 세입자에게도 '권리'가 있다는 것을 당시에는 조금도 알지 못했다.

2010년 여름, 캘린더상 계절은 가을이었으나 날씨는 폭염에 가깝게 더워서 냉면 한 그릇이 간절했다. 그런데 하필이면 월세를 내고 나니 통장에 잔고가 300원뿐이었다. 근 10년 전엔, 후불 교통카드가 없어 매번 일정 금액을 충전해야 했다. 마포구 성산동에서 과외 수업을 마치고 버스 정류장에 덩그러니 앉아 묘수를 떠올리고 있었다. 원룸이 있던 서대문구 연희동 북쪽 끄트머리까지는 마음먹고 걸으면 1시간이면 갈 수 있었다. 그렇지만 몸이 녹아내릴 듯 더웠고, 걷기에는 체력이 뒷받침해주지 않았다. 30분을 가만히 앉아 있었을까. 그때 일을 하고 있었을 고향의 엄마에게 SOS 문자를 보냈다.

'엄마, 나 만 원만 보내줘. 잠깐 돈이 부족하네.'

어떤 상황에서, 어떤 기분으로 문자를 보냈을지 짐작할 리 없는 엄마는 1만 원을 '딱' 맞춰 입금해줬다. 통장에 돈이 입금되자마자 근처 김밥천국에서 냉면을 한 그릇 해치웠다. 그거라도 먹지 않으면, 나 자신이 불쌍해 길 한복판에서 눈물이 터질 것만 같았다. 그리고 버스를 탔다. 통장 잔고가 4000원가량 남았다. 나의 가난과 직면할 때 가장 먼저 떠오르는 장면이다.

대학 시절 돈이 없어 서러웠던 에피소드는 나열하자면 끝이 없다. 이런 삶의 굴곡 속에서 '20대'는 청춘 드라마가 그리듯 결코 싱그럽지 않고, 성장 소설이 그리는 것처럼 늘 패기 있지도 못하다. 빈곤의 경중을 두고 불행을 경쟁하는 것은 비생산적 논의이지만, 그 당시 나의 처지가 쪽방촌 노인이나 홈리스와는 달랐던 단 한 가지 지점은 적극적으로 비정규 아르바이트 노동시장에 뛰어들어 당장이라도 월세를 벌 수 있다는 것뿐이었다. 나의 학력과 젊음, 성격 등 개인의 성질이 시장이 좋아할 만한 조건이었기에 애면글면 대학을 졸업했지만, 돌아오는 월세 날마다 '퇴거 공포'에 시달렸던 건 주거 불안정이 떠안기는 필연적 감정이었다.

기자라는 직업을 갖게 되고, 제도권에 안착하자마자 가장 먼저 실현한 것이 안정적인 아파트를 자가 소유하는 것이었다. 이제는 벼랑 끝으로 밀려날 걱정을 하지 않아도 되지만 여전히 나의 가난에 대해 말하는 건 두렵고 피하고 싶은 일이다. 가난이 부끄러운 사회에서, 가난을 극복한 사연조차 '자수성가의 신화'로 구현되기는커녕, 체제를 아등바등 거스르고 애면글면 제도권 안으로 진입한 유난스러운 독종의 이야기로 치환되곤 했기 때문이다.

그런데 2019년을 한 달도 남기지 않은 지금, 나는 이제 나의 가난에 대해 조금 솔직해지려고 한다. 그 가운데에는 2018년 12월부터 2019년 11월까지 연재한 '주거 3부작'의 영향이 컸다. 아동 주거를 다룬 '단칸방에 갇힌 아이들', 쪽방촌의 빈곤 비즈니스와 취약계층 주거를 다룬 '지옥고 아래 쪽방', 마지막으로 청년 주거를 다룬 '대학가 新쪽방촌'을 연달아 기획하면서 나는 모종의 해방감을 느꼈다. 그동안 부끄럽다고 생각해서 꽁꽁 숨겨왔던 나의 빈곤을, 이제 이야기할 때가 됐다. 아니, 더 많은 사람을 위해 내 가난을 이야기하고 싶다는 욕망에 사로잡혔다.

가난을 이야기하는 것이 부끄럽지 않은 날들을 위해서 계속 쓸 것이다. 최신식 스마트폰과 전자기기, 인스타그램에 최적화된 예쁜 카페에서 찍은 사진, 빈틈없이 짜인 파인다이닝(고급 식당) 코스 요리, 휴가철이면 동남아나 유럽으로 떠나는 해외여행 행렬의 이면(이 모든 것은 내가 나의 가난을 숨기기 위해 했던 것들이다)에 가려진 우리 또래의 '보이지 않는 가난'에 대해 이야기하기 위하여. 그리하여 모두가 가난을 이야기하며 이것이 나의 부족 때문이 아니라 구조의 문제임을 다시 한번 상기시키기 위하여.

역행하는 청년 주거빈곤

러시아의 문호 톨스토이의 작품 「사람에게는 얼마만큼의 땅이 필요한가」는, 아무리 탐욕을 부려도 그에게 필요한 땅은 그가 묻힐 단 '6피트(약 182센티미터)'에 불과하다는 결론으로 끝난다.

'청년에게는 몇 평의 공간이 필요한가.'

서울시 역세권 청년주택이 우리 사회에 던진 질문이다. 2019년 9월 '서울시 역세권 청년주택'의 입주자 모집 공고가 발표되자마자 SNS에서는 '5평 논쟁'으로 갑론을박이 일었다. 대학생과 청년은 5평(16제곱미터)형에만 지원할 수 있도록 하자 "청년은 닭장 같은 집에서만 살라고 하느냐"는 이상적인 의견과 "지방에서 올라온 청년들에게 5평이라도 저렴하다면 귀중하다"는 현실적인 의견이 맞부딪쳤다.

이 세상이 문학이 주는 낭만과 교훈 가득한 삶이면 좋으련만,

직설적인 이 질문은 은유나 비유의 영역이 아닌, 청년의 실존을 향해 던지는 사회의 화두다. 조금 더 괜찮은 사회라면 청년들에게 사람 한 명 누울 정도의 땅만 있으면 된다고 말해선 안 된다. 청년은 우리 주변에 살아 숨 쉬며 존재하고, 또 더 나은 삶을 욕망하는 주체이기 때문이다.

스스로 20대를 '주거 난민'으로 보냈다고 칭하는 사람으로서, '5평'이 치열한 논쟁 주제로 전락해버린 것을 지켜보는 일은 서글프고 애달팠다. 집을 구할 수 없었을 때 LH의 매입임대주택에서 비슷한 처지의 친구 두 명과 함께 셰어하우스 형태로 살아본 기억도 있고, 어떻게든 복지 혜택을 열심히 찾아 헤맨 경험 일색이기 때문에 '5평'이라도 공공주택이 주는 주거 안정성의 가치는 너무나도 귀중하다.

그러나 동시에 공공이 나서서 1인가구 최저 주거 기준 14제곱미터(4.23평)를 가까스로 넘는 5평을 제공하는 것에는 비판의 여지가 큰 것도 사실이다. 최지희 민달팽이 유니온 위원장은 "공공이 나서서 5평 임대주택을 만듦으로써, 임대업자들에게도 점점 더 작은 원룸을 공급해도 된다는 빌미를 줬다"고 평가한다. 하지만 동시에 많은 사회 인프라와 모든 유무형의 자원, 기회가 잘 갖춰진 도심은 '돈이 없으면 외곽에서 살아야 한다'며 빈자의 진입을 용납하지 않았지만, 청년을 역세권으로 들어올 수 있게 한 점은 의미가 있다고 봤다.[21]

청년들은 정말 가난할까. 거리를 걷다보면 오늘날 청년 세대만큼 풍성하게 문명의 혜택을 누리고 풍족한 물질을 소비하는 이들이 없어 보인다. 이들의 인스타그램은 각 지역 맛집들의 사진 일색이고, 해외를 드나드는 여행 경험의, 물질보다 더 중요한 취향의 향연이 펼쳐진다.

물론 '청년'이라는 범주로 모든 20대를 통칭할 수는 없다. SKY 대학에 다니는 서울 출신 중산층 이상의 청년이 있는 반면, 중공업도시의 고졸 블루칼라 노동자도 있고, 전문대 출신으로 비정규 콜센터 직원인 20대도 있을 것이다. 하지만 '청년 주거빈곤'은 대체로 생애 처음 부모로부터 독립한 경우라면 왕왕 겪는 일이기 때문에, 앞으로의 논의에서 청년은 학업, 취업 등의 이유로 지방에서 서울로 올라와 자취를 하는 인구공학적 특성을 전제하기로 한다.

청년들은 정말 '가난하다'. 적어도 통계상으로는 그 징후가 명백하다. 게다가 부유해지는 전체 추세에서 유일하게 주거빈곤율이 역행하는 세대다. 나라 전체의 주거빈곤율은 2005년 20.3퍼센트에서 2015년 12.0퍼센트로 점차 줄어들고 있다. 청년층, 특히 서울의 청년층은 예외다. 서울의 청년 1인 가구 주거빈곤율은 2005년 34.0퍼센트에서 2015년 37.2퍼센트로 상승했다.[22] 대학 진학이나 스펙 쌓기, 공무원 시험 준비 등으로 지방의 청년들이 서울로 몰려들지만 부모로부터 큰 도움을 받지 못해 고시원 등 비주택에 사는 경우가 높고, 원룸에서 자취를 하더라도 생활비를 아끼기 위해 '최저 주거 기준' 이하의 조건에서 저렴하게 사는 쪽을 택하기 때문이다.

가난하고, 정착하지 못한 오늘날의 청년은 정주定住하지 않는

다. 항상 어딘가를 떠돌아다닌다. 만 5년 6개월 동안 여섯 번의 이사를 했던 나의 경험만 봐도 그렇다. 길어봤자 한 학년 집을 계약해서 살고, 군대나 어학연수 등 여러 상황으로 계약 기간을 다 못 채우고 짐을 싸야 하는 경우도 비일비재하다. 또 인턴으로 취직이라도 하면 직장 근처로 옮긴다. 귀찮아서, 집주인이 허락하지 않아서, 자율적이든 타율적이든 '전입신고'를 하는 경우는 드물다. 자연스럽게 집의 '좋지 못한 경험'은 개선되지 못한 채 다음 세입자에게 전가되고, 흩어진 젊은 주민들은 정치적 동력을 얻지 못해 삶이 나아지지 못한다.

반면 기득권에 결탁한 기성 정치의 벽은 견고하다. 선거철마다 표를 획득해야 하는 선출직 공무원들은, 기성세대 자산가와 강력하게 결탁하고 있다. 청년들과 약속을 저버리면서까지 이들의 이익을 지켜주고, 부끄러운 줄 모르고 앞장서서 이기주의를 선동한다. 청년 세대의 목소리는 제도권 정치에 닿지 않는데, 이들에 비해 해당 지역에 살지도 않고 주소만 올려놓은 임대인들의 목소리가 실제 거주하는 이들의 고충을 덮어버리는 형국이다. 대학 기숙사, 청년 행복주택 등을 지으려는 계획이 발표될 때마다, 지역 주민들이 연합하여 벌떼처럼 들고일어나는 것을 보라.

2018년, 서울 영등포구의 한 아파트에서는 청년 임대주택(역세권 2030 청년주택)을 '빈민아파트'라 폄훼한 안내문이 하나 붙었다.[23] 아파트 주민들이 주축이 되어 결성된 비상대책위원회가 청년 임대주택을 반대하는 이유는 다음과 같았다. (1) 아파트 가격 폭락 (2) 연약 지반 (3) 교통 혼잡 (4) 일조권, 조망권, 주변 환경

훼손 (5) 빈민지역 슬럼화로 범죄 및 우범지역 등 이미지 손상 (6) 아동 청소년 문제, 불량 우범지역화 (7) 보육권, 교육 취약지역화 등. 아직 삽을 뜨지도 않은 건물에 입주할 청년들이 누군지도 모르지만 이들은 너무 쉽게 '잠재적 범죄자' '방탕한 청춘' 등으로 대상화됐다.

원룸에, 고시원에, 반지하방에, 옥탑방에 마치 달걀 상자에 달걀이 하나씩만 들어 있는 것처럼 분자화, 원자화돼버린 청년들의 목소리는 고출력 앰프를 끼고 있는 듯한 '비상대책위'의 외침에 가려 들리지 않는다. 이런 일은 어떤 대학가, 어떤 지역을 둘러봐도 반복된다. 2013년 고려대 기숙사 반대, 2015~2017년 한양대 기숙사 반대, 2016년 성북구 동소문동 행복기숙사 반대…….

"가장 두려운 것은 초등학생을 상대로 한 성범죄입니다. 딸아이를 가진 엄마로서 행복기숙사 소식에 가장 먼저 들었던 것이 성범죄입니다." "주거지역에 상업성을 가진 기숙사 시설이 타당하다고 생각하십니까? 젊은 층 대거 유입으로 주거 환경이 열악해지며 성폭력 사건이 다발적으로 일어날 확률이 큽니다."[24]

위의 인용구들은 동소문동 행복기숙사를 반대하는 이들의 논리였다. 과연 이런 주장을 정말로 우리 사회가 진지하게 받아들여, 현존하는 청년들의 삶을 '나중'으로 미뤄도 되는 것일지는 각자가 판단할 일이다.

"구청장, 시·구의원, 국회의원 등 선거에 기반을 둔 정치인들이 불법을 자행하는 임대인들과 동맹을 맺고, 가진 것 없는 청년들에겐 아무도 힘이 되어주지 않아요. 대학 기숙사가 지어지지 못하는 근본 원인은 건축 허가권이 구청 등 기초단체에 있다는 점이에요. 구청장이나 군수 등 기초단체 선출직 공무원들이 불법 건축물 규제 등 권한을 가지고 있는데, 이들이 기득권 기성세대의 정치적 압력에서 자유로울 수가 없습니다."(최은영 한국도시연구소장)[25]

그러는 사이 청년들의 주거는 더욱 열악해지고, 무엇보다 상당한 수준의 주거비 부담으로 생활이 불가능할 정도가 되어버렸다. 고시원의 평당 월세는 15만2685원. 서울시 8구 아파트의 평균 평당 월세는 4만6437만 원으로 고시원이 아파트보다 평균 평당 월세가 3.28배나 높다.[26] 동시에 청년 3명 중 1명(37.1퍼센트)꼴로 일을 하고 있거나 구직 중인데도 빈곤 상태에 처해 있다.[27]

"젊을 때 고생은 사서 한다며 좁고 비싼 집에서 사는 걸 버텨야 하나요. 주거권 보장은 국가 책무입니다. 보증금 500만 원에 관리비 포함 70만 원의 월세를 내다보니 밥 먹을 돈도 부족할 때가 많습니다. 생활비 반 이상이 월세로 나가 전 어느새 '하우스푸어'가 되어 있었습니다."(20세, 대학생 천기주)[28]

건물주의 횡포, 청년의 목소리를 대의하지 못하는 정치, 학생의 주거를 살필 의무를 다하지 않는 대학, 기성세대 건물주만 편드는 법과 정책 등 어느 것 하나 청년들을 위해 호의적인 조건이 없지만 '10명 중 4명(37.2퍼센트)'이라는, 더 이상 묵과할 수 없는 청년 주거 실태를 살피기 위해, 또다시 현장을 찾았다.

대학가가
쪽방촌이 되고 있다

우체통과 계량기가 집에 대해 말해주는 것들

"하나, 둘, 셋, 넷, 다섯, 여섯…… 열일곱. 이 건물에 열일곱 집이 있다고?"

가만히 있어도 등줄기에 땀이 줄줄 흐르는 2019년 7월 어느 날 팀 선배와 인턴 기자, 그리고 주거권 단체 민달팽이 유니온 활동가들과 함께 성동구 한양대 대학촌인 사근동을 찾았다. 이 지역은 2015년부터 2017년까지 치열하게 '기숙사 신축 반대 운동'이 일어나 지역 주민들과 한양대 재학생들 간의 갈등이 극에 달했던 곳이다.

이날 우리에게 주어진 미션은 대학생들의 주거 공간으로 이용되는 원룸 건물 751채의 우편함과 전기·가스 계량기를 모두 기입하는 것. 이 수치들은 한 건물에 '몇 가구'가 거주하고 있는지를 보여주는 바로미터로, 이를 건축 허가 당시 내역을 살필 수 있는 건축물대장과 대조해 '불법 쪼개기' 여부를 살피려는 요량이었다. 2018년 아동 주거빈곤 기획에서 참고한 연구가 사용한 방법론으로부터 착안, 이를 통해 청년 주거의 실태를 드러내고자 했다. 창대한 첫 각오와 다르게 발 몇 걸음 떼지도 않았는데 햇빛은 고스란히 내리쬤고, 블라우스는 '백팩' 모양으로 흠뻑 젖었다.

하지만 다량의 탈수도 조사를 멈추게 하진 못했다. 계량기를 기입하러 돌아다니면 다닐수록 이 동네는 이상했다. 나름 '주거 난민 경력'을 자랑하는 터라 왕년에 원룸 보러 다니는 것이 취미였다. 하지만 10년 전엔 어떤 집도 한 건물에 10가구 이상 있는 경우를 보지 못했다. 대개 반지하에서부터 지상 2층까지 한 층당 두 가구씩 여섯 가구, 그리고 꼭대기 층인 3층에는 주인집 한 가구가 사는 형태가 주류였다. 간혹 가다 한 층에 세 가구씩 있는 원룸에 살아본 적은 있지만, 그때에도 전체 가구는 반지하, 1, 2층 9가구와 주인집 3층까지 더해 10가구가 최대였다.

둘러본 집은 다세대·다가구 주택에서 쉽게 볼 수 있는 붉은 벽돌 외관의 건물들이었다. 겉으로만 봤을 때는 특이한 점을 찾기 어렵다. 하지만 건물 측면에 다닥다닥 붙은 가스계량기가 눈에 들어오는 순간, 빨래 건조대도 펼 수 없을 만큼 좁은 4, 5평 집에 들어온 청춘의 모습이 눈앞에 펼쳐진다. 변기와 세면대가

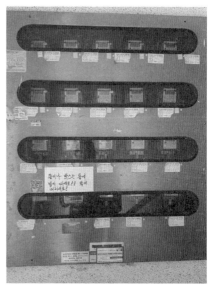

서울 성동구 사근동 한 원룸 건물 입구에 30개 이상의 우편함과 전기계량기가 다닥다닥 붙어 있다. 이 건물은 올 초 '원룸 쪼개기'로 구청에 적발된 적이 있으나 여전히 원룸 임대업을 이어가고 있다.

맞붙어 있을 정도로 좁은 화장실 때문에 샤워만 했을 뿐인데 결국 전체 화장실을 청소한 꼴이 되어버리고, 이전에 몇 명이 거쳐 갔는지 모르는 삐걱거리는 싱글 매트리스 침대에 누워, 맥주 한 캔에 위안을 얻는 대학생. 바로 5, 6년 전 내 모습이 아니었던가.

한 층에 복도가 있고 이를 기준으로 일고여덟 가구가 교도소처럼 줄지어 있는 형태는 아무리 봐도 최근의 경향인 듯싶었다. 게다가 사전 조사 차원에서 들여다본 온라인 방 구하기 카페에는 '미니 원룸' '초미니 원룸'이라는 듣도 보도 못한 이름이 등장하기 시작했다.

'뭐야, 원룸이 미니인데 '미니 원룸'은 무슨 괴상한 동어 반복이야.' 그러나 농담으로 여길 게 아니었다. 골목 구석구석을 누비며 외관의 우편함과 계량기를 기입하며 '미니 원룸'은 타당성 있는 조어일 것이라는 직감이 들었다.

숫자를 입력하는 기간은 두 달가량이 걸렸다. 더운 여름날 골목골목을 다니다가 더위를 먹고 정신줄을 놓아버리는 바람에, 그 뒤로는 선선한 시간대에 요령 있게 다녔다.

그사이 인적 구성에도 변화가 있었다. 사내 인사 등으로 팀에도 한 차례 파도가 몰아쳤다. 기획 단계에 함께하던 선배가 다른 부서로 가게 된 후 혼자 끙끙 앓으며 한참을 방황하기도 했다. 환경이 변하면서 지난한 작업이 뚝뚝 끊어지고, 올해 안에 기사를 낼 수 있을까 하는 의구심만 품은 채로. 그러나 기자가 할 수 있는 것은 부지런히 발품을 팔고 글을 쓰는 일밖에 없어서, 시시때때로 몰려드는 잡생각을 떨쳐버리고 같은 일을 반복하는 수밖에 없었다.

"뭐야, 하나, 둘, 셋, 넷 …… 서른네 개? 여긴 뭔데 서른네 집이 사는 거야."

헷갈리지 않기 위해 소곤소곤 소리를 내며 혼잣말로 계량기를 세던 중, 엄청난 개수에 나도 모르게 '헉' 하고 탄성을 내뱉었다. 아무리 봐도 한 층에 7가구가 살 것이라고는 보이지 않는 면적이었다.

사근동 원룸촌 복판에 있어 자취생들의 '사랑방'으로 기능하는 카페가 있는 지상 5층(지하 1층)짜리 건물 입구에는 34개 우편함이, 외벽에는 34개 가스계량기가 부착되어 있었다. 각 방문에 붙은 호수도 이와 일치했다. 적어도 34가구가 살고 있다고 볼 수 있는 이 건물은, 놀랍게도 건축물대장에는 단 '한 가구'만이 사는 단독주택과 근린생활시설로 기재돼 있다. 2~4층에 있다고 적힌 '독서실'의 흔적은 온데간데없고 오로지 원룸만 보인다. 주택을 짓기 위해서는 가구당 법정 주차장 공간을 확보해야 하는데, 아까운 땅에 주차장을 짓느니, 근린생활시설로 신고해놓고 실제로는 원룸을 만드는 편법이다. 이 건물은 이미 2019년 1월에 건축법 위반으로 적발됐지만, 버젓이 원룸 임대업을 계속하고 있다.

9가구 거주 용도로 허가를 받은 한 주택. 주차장의 4면까지 살뜰하게 원룸으로 개조해 세를 주고 있는 건물의 우편함은 조금도 관리가 되고 있지 않은 듯, 회수되지 않은 유인물로 가득 차 있었다. 분리수거 쓰레기통에는 중국인 입주자도 적지 않은

한양대 대학촌인 서울 성동구 사근동 일대 원룸 건물 751채의 건축물대장 수천 장을 펼쳐놓고 불법 건축물 여부를 분석하고 있다.

듯 안내문이 중국어로 병기돼 있었다. 창문 틈새로는 스피커폰으로 다른 사람과 전화하는 입주자의 중국어가 새어나왔다.

이 집의 '우편함'도 거짓말을 하지 않았다. 입구에 들어서자마자 빼곡히 들어선 30개의 우편함. 그 위의 전기계량기 역시 30개였다. 서류상으로는 9가구에 불과한 가구를 30개로 쪼개 건물주가 얻는 수익은 상당하다. 월 40만 원에 세를 준다고 가정했을 때 임대 수익은 360만 원에서 1200만 원으로 껑충 뛴다. 대학생들은 전입신고를 잘 하지 않고, 연말정산을 하지 않다보니 세액공제도 받지 않는다. 현금으로 고스란히 들어온 수익을 정직하게 신고할 임대인이었다면, 아마 불법 쪼개기도 하지 않았을 것이다.

이런 집이 10가구 이상 사는 집(우편함과 계량기 중 하나라도 10개 이상) 79채를 들여다봤을 때만도 82퍼센트(65채)에 달한다. 10채 중 8채가 신쪽방인 셈인데, 이미 위반 건축물로 적발된 경우도 28채(35.4퍼센트)나 됐다. 그리고 이 65채 건물주의 평균 나이는 만 60.5세. 1958년생이었다. '지·옥·고'에 내몰린 청년뿐 아니라, 겉으로 멀쩡해 보이는 원룸에 버젓이 비싼 월세를 내고 살면서도 '주거빈곤'의 경계에 있는 청년들의 현주소다.

당신의 원룸은 '신쪽방'입니까

'대학가 신쪽방'

1. 노후한 다가구 주택을 리모델링하면서 원래 존재하지 않는 방을 둘이나 셋 만들어 호수戶數를 부여한 원룸.

2. 신축 건물의 경우 법에 맞게 사용 승인을 받은 뒤, 이후 더 많은 가구로 나눠 방을 쪼개 지은 원룸.

건물주가 다세대·다가구 주택의 전용 면적을 쪼개 더 많은 원룸을 만들어 세를 놓는 행위는 건축법상 승인받은 구조물을 임의 변경하는 것이기 때문에 엄연한 불법이다. 하지만 학생들은 건물의 불법성을 알아차리기 힘들다. 방을 구하는 입장에서 면적이라는 것은 절대적으로 측정하기 어려운 상대적인 '느낌'에 불과한 데다, 좁더라도 말끔한 벽과 장판, 모노톤의 가구, 북유럽 인테리어 같은 깔끔한 느낌만 있다면 '신축' '리모델링' '풀옵션'이라는 미명에 가려져 집의 본질을 살피기 어렵기 때문이다. 무엇보다 건축법, 주택법이 전문가도 모두 파악하기 힘들 정도로 복잡한데 난생처음 집을 구해보는 대학생은 건물주 입장에서는 '땡큐'인 뜨내기 손님이다.

쪼개기로 리모델링한 집은 복도에서부터 표시가 난다. 원래 사용하던 복도 타일, 벽의 색깔과 다른 뜬금없는 색이 갑자기 출현한다면, 그 부분은 쪼개기를 위해 다시 개조된 공간이라고 보면 된다. 혹은 101호 문을 열고 들어갔더니 101-1호, 101-2호 같이 편법으로 호수가 부여된 현관이 있는 경우도 비일비재하다. 그러나 쪼개기에 대한 개념을 잘 모르는 사람으로서는 '구조가 특이하네'라고 생각하고 말 정도의 특징이다. 혹은 갑자기 없던 호수가 생겨버렸기 때문에 하나의 우편함에 101, 102, 103, 104와 같은 식으로 여러 숫자가 병기돼 있다. 한 집을 네 개로 쪼갠 것이다.

건축가들은 임대료를 극대화하려는 건물주의 이기심이 극에 달했다고 진단한다.[29]

"방 쪼개기를 하면서 화장실 벽 두께마저 줄이느라 고시원처럼 유리벽으로 설치하기도 해요. 벽돌 한 장 폭까지도 아끼는 거죠."

"1990년대 후반까지만 해도 원룸, 오피스텔 기준의 가장 작은 면적이 23.1제곱미터(7평)이었지만 1인 가구 최저 주거 기준 14제곱미터(4.2평)보다 더 작은 12제곱미터(3.6평)까지 만들고 있어요. 그럼에도 싱크대와 냉장고, 인덕션 등 풀옵션이라는 이유로 오히려 월세를 높이고요."

청년의 요구가 징징거림으로 치환되고, '젊어서 고생은 사서 한다'는 경구가 살아가는 내내 울려대는 세상이다. 젊음은 온갖 착취와 악조건도 극복해내는 만능약이라도 되는가. 주거기본법상 최저 주거 기준이나 각종 규제는 건물주의 탐욕 앞에서 무기력하다.

부동산 중개사들이 앞장서서 불법 쪼개기를 '기획'하기도 한다. 대학가의 건물을 매수하고 싶다며 문의를 하면, 용도를 어떻게 사용하고 구조를 개조해 수익을 극대화할 수 있는지 매수자에게 먼저 귀띔을 해주는 것이 관행이다. 예를 들어 주택은 법적으로 꼭 욱여넣어야 하는 주차 대수가 있다. 그래서 고시원처럼 공용 주방 공간을 사용해야 하는 '다중주택'으로 허가를 받고 각 방에 불법으로 주방을 넣은 원룸으로 운영하기를 조언한다. 소매점, 독서실 같은 근린생활시설로 허가를 받고 원룸으로 이용하는 경우 또한 허다하다.

사근동의 한 공인중개사는 "5평이나 6평이나 가격 차이가 별로 없다"며 "건물주 입장에서는 6평짜리를 10개 만드느니 5평짜리를 12개 만들어 월세를 더 받는 게 이득이다"라고 말했다.

그렇지만 '신쪽방'이 근절되기는 어려워 보인다. 적발되더라도 시정되지 않는 경우가 대부분이기 때문이다. 올해 시정 비율은 5.5퍼센트에 불과하다. 이유는 간단하다. 불법 방 쪼개기가 적발된 경우, 시정 명령을 이행하지 않았을 때 '이행강제금'을 부과할 수 있지만 그보다 월세 수익이 훨씬 많다보니 건물주 입장에서 굳이 시정 명령을 따를 유인이 없다. 그나마 2019년 법이 개정돼 최대 5회 부과됐던 횟수가 무제한으로 늘어난 것이 법의 강제성을 조금이라도 높였다는 평가다.[30]

청년 주거는 한국 사회가 앓는 문제를 다면적으로 품고 있어 언제 터질지 모르는 시한 폭탄이나 다름없다. 기성세대 건물주가 청년 세대 세입자에게서 폭리를 취하고 그들을 착취한다는 점에서 '세대 갈등'으로 비화할 가능성도 있다. 또, 대부분 지방에서 올라온 대학생들이 고향에 있는 부모의 돈으로 주거 비용을 마련한다는 점에서 '서울로의 쏠림'을 더욱 가속화할 것이다. 또는 '서울에 사는 것이 스펙'이라는 관용어처럼, 청년 안에서도 서울 출신 중산층 청년과 지방에서 올라온 도전자 청년이 분화

할 것이다.

여러 측면이 있지만 결국 본질은 가지지 못한 자는 애면글면하며 계단 하나를 올라서지 못하고 가진 자는 가지지 못한 자를 '착취'하는 비정한 도시의 면모다.

"과거에는 이렇게까지 잔인한 방식으로 착취하진 않았어요. 사회가 이렇다보니 결국 청년들이 '못 살겠다'며 저출생 등으로 반응하고 있잖아요. 앞으로 이 문제를 해결하지 않으면 서울 지역 청년 주거빈곤율은 계속해서 올라가고, 결혼을 하지 않고 아이를 낳지 않는 상황이 연쇄적으로 이어질 겁니다."(최은영 한국도시연구소 소장)

"'민달팽이 유니온'은 대학생 세입자들을 대상으로 매년 실태조사를 벌여요. 그런데 최근 들어 주관식 답변에 '청년 피 빨아먹는 임대업자' 같은 표현이 출현하는 빈도가 잦아졌어요. 저는 청년 세대의 분노가 어느 임계점에 다다랐다고 생각하고, 이것이 청년들의 주거 환경과 결코 무관하지 않다고 봅니다."(최지희 민달팽이유니온 위원장)

|

도심 속의 섬, 사근동의 비밀

"제가 사근동에 산 지 50년이 되어서 이 동네가 변하는 걸 다 봐왔는데요. 17년 전에 장사를 시작했을 때는 전부 주택가였어요. 원룸이 왜 필요하겠어요. 그때는 하숙집이 태반이었죠.

한 6년 전인가, 7년 전인가. 7년쯤 될 거예요. 그때부터 집주인들이 전부 뜯어고쳤지. 겉은 놔두고 안에는 전부 다 쪼갰는데, 그 집주인들이 기숙사 신축 반대에 앞장섰어요. 제 이름이나 상호는 쓰지 마세요. 여긴(이 동네는) 살벌한 판이에요."(50년간 사근동 거주 주민 ㄱ씨)

동남쪽으로는 청계천과 중랑천. 서쪽으로는 사근고개에 막힌 '도심 속 섬' 같은 동네 사근동. 교통이 불편해 외부인의 왕래가 없고, 한양대 학생과 지역 주민들만 드나드는 고립된 곳이다. 청계천을 건너야만 지하철 2호선 용답역이 있고, 주변에 일자리가 없어 한양대생을 제외한 새로운 인구는 유입되지 않는 동네다. 인구 1만여 명의 조용하고 작은 동네가 전쟁터가 된 건 2015년 한양대가 기숙사 신축 계획을 발표하면서다.

사근동은 기실 오랫동안 한양대의 배후 주거를 책임진 동네였다. 인구 구성과 분위기는 학교의 영향을 크게 받아 변화했다. 사근동 전체 면적 1.1제곱킬로미터의 절반은 한양대가 차지하고 있고, 아파트와 빌라를 제외한 주택 대부분이 한양대 학생들의 원룸으로 사용되고 있다.

통계도 이를 뒷받침한다. 사근동에 사는 20대 청년 비중은 35.9퍼센트.[31] 서울시 평균 14.9퍼센트의 2배 이상이다. 1인가구 비율 역시 61.9퍼센트로, 서울시 평균 29.4퍼센트를 훌쩍 뛰어넘는다. 물론 대학생들이 전입신고를 잘 하지 않는 점을 감안하면, 실제 비율은 훨씬 높을 수 있다.

이런 사정에 '리모델링' 붐이 일었다. '신축 풀옵션' 가면을 쓴

2019년 9월 27일 오후 서울 성동구 사근동 한 부동산 업체에 이 동네 원룸 매물 정보들이 붙어 있다.

'불법 쪼개기' 공사다. 몇 해 전부터 일어난 현상이라 딱 떨어지게 말할 순 없지만, 주민들의 이야기를 종합하면 대략 5~7년 전부터다.

"제가 이곳에서 장사한 지 16년이 넘었는데 이렇게 원룸촌으로 바뀐 건 한 5년 전부터인 것 같아요. 그 전에는 주택이었고, 손님들도 주부가 많았어요. 이제 다 원룸으로 개소했기 때문에 학생들이 많아졌죠. 원룸으로 개조한 사람들은 그게 사업인데 기숙사가 크게 들어서면 공실이 많이 생기잖아요. 지금도 원룸이 원체 많아서 옛날식 원룸은 다 공실이래요. 학생보다 원룸이 더 많아요. 그래서 기숙사 반대할 때도 원룸업자들이 완전히 앞에 나섰죠."(사근동 H 미용실 사장)

대학 정원은 줄었지만, 정원 외로 모집할 수 있는 중국인 유학생이 늘어나면서 '방 쪼개기 리모델링' 추세는 더욱 심해졌다. 2009년~2015년 700명 수준이었던 중국 국적 한양대생은 2017년엔 1063명으로 늘었다. 사근동 원룸 곳곳 현관에 중국어 안내가 적혀 있고, 골목을 걷다보면 중국어 말소리를 쉽게 들을 수 있는 이유다.[32]

가정집은 사라졌다. 사근동 2, 3, 4인 가구 비율은 전체 가구 9.8퍼센트, 7.8퍼센트, 3.1퍼센트에 불과하다. 서울시 평균 2, 3, 4인 가구 비율인 24.5퍼센트, 21.5퍼센트, 24.3퍼센트에 훨씬 못 미치는 수치다. 동네 구멍가게는 편의점으로 간판을 바꿨고, 단독주택들이 모여 있는 골목에는 '원룸' 간판이 즐비하게 붙었다.

상권 변화는 필연적이었다. 그러나 동네에서 오랫동안 자리잡고 장사한 이들은 이런 변화가 기껍지만은 않다고 했다. 사근고개 넘어 큰 도로변에서 식자재 장사를 하는 60대 남성은 동네에서 원룸이 사라졌으면 좋겠다고 목소리를 높였다. 이 동네에서 만난 주민들은 모두 "동네가 워낙 좁은 데다, 이미 한번 전쟁을 치러 살벌하다"며 자기 이름이나 가게 이름 등은 절대 쓰지 말라고 신신당부를 했다.

"한 15년 전부터 원룸으로 바뀌기 시작했는데, 5, 6년 사이에 아예 원룸촌이 되어버렸어요. 학교에 기숙사가 들어와야 하는데 원룸 가지고 있는 주민들이 반대해서 못 들어오고 있잖아요. 그런데 장사하는 우리 같은 사람들 입장에서는 주민이 들어와야지 원룸이 들어오면 동네가 죽어버려요. 낙후될 수밖에 없죠. 학생들한테 무슨 돈이 있겠어요. 대부분 이 동네에 원래 있었던 상권은 다 죽어버리고, 살기가 힘들어요. 저는 이 동네에서 21년 동안 장사를 했거든요. 지금은 1990년대에 처음 이 동네에서 장사를 시작했을 때에 비해 정말로 수익이 10분의 1 수준도 안 나와요. 제가 봤을 때, 이 원룸업자라는 사람들이 생계 목적으로 원룸을 하는 게 아니라 사업 목적, 투기 같은 걸로 해요."

"여기 살던 노인분들이 방 한 칸, 두 칸 하는 게 아니고요?"

"그런 사람들도 없진 않지만, 외부 사람들이 집을 사가지고 세를 놓는 게 훨씬 많죠. 돈 있는 사람들이 투자해가지고 원룸으로 개조하고, 자기네는 다른 곳에 살고. 원룸 10개만 돼도 매달 적으면 500만 원이고 많으면 800만 원인데요."

"이 동네 원룸 주인들이 모두 기숙사 신축을 반대한 거예요?"

"전부 다 동참한 건 아니에요. 집 있는 몇몇 사람이 반대한 거죠. 사람들 몰고 다니면서 데모하고. 그 사람들은 다 사업 목적이에요. 자기 생계 목적이 아니고. 진짜 방 3, 4개 세 놓는 사람이 아니라 몇 채씩 있는 사람들이 문제를 일으켰어요."

"그 사람들은 다 합법적으로 임대 사업 하는 거예요?"

"불법이죠, 다. 옥상에 구조물 만들어서 세놓고, 방 있는 거 여러 개로 쪼개서 세놓고, 이런 거 전부 불법이잖아요."

11월로 예정된 '대학가 新쪽방촌' 보도를 위해 매일같이 사근동과 왕십리 일대로 출근 도장을 찍었던 10월 초. 오며가며 주민들과 말을 섞는 가운데 들은 이야기는 더욱 기묘했다. 발품 팔아 건져올린 데이터보다 이들의 한 마디, 한 마디가 더 큰 실마리를 던져줬다. 가끔은 이 모든 것을 버티며 사는 게 왜 이렇게 고단한 건지 지치고 괴로운 심정이었다.

"혹시, 기자분인가요?"

행당동의 한 카페 사장이 내게 물었다. 회사 대신 출근 도장을 찍던 곳이었다. 혹시라도 작업이 새어나갈까봐 사근동은 취재를 할 때만 들어갔고, 진지는 사근동과 행당동 경계에 있는 카페에 마련해 인터뷰를 하거나 데이터 작업을 이어가던 10월. 카페 사장이 우연히 '부동산' '투기' '리모델링' 등의 단어를 읊조리던 전화 통화를 들은 것이다. "기자가 맞다"고 하자, 들으려고 한 것은 아니지만 우연히 들은 그 이야기가 지금 이 카페 건물에도 일어난 일일 정도로 대학가에서 비일비재하다고 알려줬다.

"2년 전쯤에 지금의 건물주가 이 건물을 샀거든요. 그러면서

2, 3층의 원룸을 다 리모델링해서 쪼갰어요. 이 카페 바로 옆의 부동산 보셨죠? 거기서 다 기획해주는 거예요. 건물 매수한다고 하면, 수익율까지 계산해주면서 컨설팅을 하는 거죠. 그러면서 세입자한테 모든 비용을 전가하고요. 내년에 저더러 보증금을 3000만 원 높이자는데 커피 팔면서 그 돈을 갑자기 어떻게 구해요……. 지금도 석 달 치 월세가 밀려 있어요."

특정한 악인惡人이 개별적으로 존재하는 게 아니라, 착취와 부조리는 도처에 깔려 있다는 것을 깨달은 순간이다.

|

그들이 기숙사를 반대한 까닭

"1학년 때는 신입생 기숙사라고 해서 신입생만 받는 기숙사가 있었어요. 그래서 거기서 1년 살았지만, 2학년 되어서는 아예 기숙사 신청을 안 했어요. 떨어질 확률이 훨씬 높은데, 합격자 발표가 나는 2월쯤이 되면 괜찮은 집은 이미 다 나간 상태거든요. 헛된 희망을 품지 않고 빨리 집을 구하자고 생각한 거죠."(김아무개, 21세, 한양대 3학년)

기숙사는 늘 부족했다. 전체 대학 정원을 10명이라 봤을 때, 서울의 대학은 겨우 1명밖에 수용할 수 없는 실정이다. 대학 정원 감축 정책에 국내 학생은 차츰 줄어갔지만, 돈벌이에 혈안이 된 대학은 대안 없이 외국인 유학생들을 늘렸다. 이로써 대학가는 '포화 상태'가 됐다. 이 틈을 '신쪽방'이 파고들었다. 사정이 이렇게 되자 2015년 한양대는 결국 '기숙사 신축 계획'을 발표했닷.

주택을 원룸으로 리모델링한 건물주들은 발등에 불이 떨어졌다. 대대적으로 개조하거나 신축한 뒤, 비로소 첫 입주자를 받아 비용을 회수하려던 참이었다. 임대업자들은 곧바로 '한양대 기숙사 건립 반대 대책위원회(대책위)'를 만들었고, 골목 어귀마다 '행당동, 사근동, 마장동 지역경제 초토화시키는 한양대 기숙사 건립 강력히 반대한다'라고 적힌 현수막을 내걸었다. 학교 총학생회를 주축으로 한양대 학생들은 강렬하게 저항했고, 학생들과 임대업자 사이의 갈등은 더욱 첨예해졌다.

기숙사 반대에 앞장선 대책위는 모든 단계마다 사람들을 모아 시위를 벌이고, 행정기관에 민원을 넣었다. 공무원들은 대책위원장이 회의 도중 공무원에게 육두문자를 날리기도 하고 기물을 파손해 공무원노조로부터 고발을 당한 적도 있다고 말했다. 대책위원장은 언론에 '이 지역 원룸 임대업자들이 대부분 60, 70대의 영세한 지역 주민이라 대학 기숙사로 인해 생존권 위협을 받는다'고 호소했다. 임대업자들의 탐욕이 문제가 아니라, 모두 '생계형'으로 원룸을 임대한다는 논리였다.

기득권에 기운 정치도 불난 데 기름을 부었다. 2018년 6·13 지방선거에서 이 지역에 출마한 자유한국당 후보는 "원주민 생계 위협하는 한양대 기숙사 신축을 막겠다"는 공보물을 배포했다. 논란이 되자 후보는 해당 공약을 하루 만에 철회했다. 한양대 기숙사 신축 안건은 규모를 축소해가며 3수 만에 2017년 서울시 도시계획위원회의 문턱을 넘었지만, 아직 첫 삽을 뜨지 못

했다. 그리고 여전히 대책위는 단계단계마다 민원을 이어가고 있다. 치열한 기숙사 투쟁이 벌어진 지 4년 지난 지금, 다시 대책위원장과 전화 통화를 했다.

"최근까지도 교통영향평가나 도로교통영향평가에 대해 구청에 이의를 제기하고 있습니다. 변호사도 선임했고 진행되면 법적 대응을 하려고 해요. 2년 전에 비해 바뀐 게 있다면 예전처럼 격렬하진 않다는 거예요. 대화를 하려고는 하고 있죠. 저희는 한양대와 상생의 분위기를 갖기를 원합니다. 사근동을 개발하면서 주민 전체에게 이익이 돌아가는 방식으로 말이죠."(한양대 기숙사 건립 반대 대책위원회 위원장)

그러나 의외로 '결사반대'를 부르짖었던 대책위원장은 원룸을 단 하나도 가지고 있지 않다고 했다.

"저희 대책위에 지역 주민 회원이 800명이 넘어요. 이 지역 건물주들은 거의 다 서명을 했어요. 회원들 모두 지역 주민이고, 그중에 건물 없는 사람은 저 하나뿐이에요. 동네에 어르신들뿐인데 마을 분들 위해서 젊은 제가 나선 거죠."

위원장은 참여한 800명이 모두 동네 토박이 주민이라고 주장했다. 쉽게 납득할 수는 없는 말이었다. 자신은 원룸 임대업을 하지도 않는데, 3년 가까이 자신의 시간을 쏟아가며 총대를 메다니. 게다가 '기숙사 신축 반대'라는 명분은, 아무리 이웃과 고향을 사랑한다고 한들, 사회적 지탄을 피할 길 없는 이슈 아닌가. 실제로는 단순히 '기숙사 반대'라고 서술하기에는 표현이 부족할 정도로, 이 동네는 피 터지는 전쟁터였다. 학생들 사이에서는

'탐욕스러운 원룸업자들 배 불릴 바에 대학가가 아닌 다른 동네에서 살자'는 움직임이 일어날 정도였다.

지난한 기숙사 분쟁 한가운데에 있었던 한양대 협상 담당자와 공무원은 기껏해야 모임 때마다 20명 정도의 주민이 와서 현수막을 펼치고 큰 소리를 냈다고 했다. '원주민보다 외부 사람들이 투자 목적으로 들어왔고, 기숙사 신축 반대도 돈 있는 몇 사람이 앞장섰다'는 주민들의 말과 일맥상통했다. 결국 자산을 가진 몇몇 사람의 이기주의로, 생존 조건이라고도 할 수 있는 학생의 주거권이 밀려나게 된 형국이다.

"물론 이 동네가 노후하다보니 적게 세놓는 할아버지, 할머니들도 아예 없다고 할 순 없죠. 저희 쪽에서 협상을 위해 위원회 명단과 데이터를 좀 달라고 했는데, 주민 구성원 명단을 안 줘요. 이건 뭐 동네에 떠도는 소문이지만, 대규모로 원룸을 하는 건물주들이 자신들은 전면에 나서지 않고 금전적으로 지원한다는 말도 있고. 주민 간담회 하고 나서 어떤 분이 전화를 주시더니 '자기도 왕십리 근처에서 원룸을 하는데도, 기숙사 반대 운동 하는 사람들 이해가 되지 않는다면서 학교 측이 밀어붙여야 한다'고 말씀하시더라고요. 그래야 사람들도 많이 왕래하고 번화가가 된다고요. 하여튼 지난 몇 년 동안 너무 시끄러워서, 저희는 그냥 조용하게 넘어갔으면 좋겠어요. 기사에는 이런저런 사정 쓰지 마세요. 조용해야 기숙사가 생길 수 있으니까요."(한양대 관계자)

신쪽방 잠입 취재

사근동 원룸 건물 10채 중 8채는 '신쪽방'. 데이터는 충분히 이야기를 하고 있었다. 청년들은 비싼 월세를 내고도 이제 쪽방에 몸을 뉘여야 하는 신세가 되었다고 말이다. 그렇지만 섣불리 기사를 쓸 수는 없었다. 아직 신쪽방에 사는 사람을 만나지도 못했고, 내부 환경이 어떤지 두 눈으로 살피지도 못한 상황이었다. 하지만 곧이곧대로 말해봐야 동네에서 내쫓길 수밖에 없는 처지라, 쪽방촌 취재 때와 같은 상황에 놓였다.

결국 10월, 인턴 기자와 나는 지방에서 올라온 친자매 연기를 하면서 부동산 탐방을 시작했다. 혹시나 데이터 조사 대상이었던 79채 중 신쪽방으로 판명된 65채의 내부를 운 좋게 볼 수만 있다면 목적은 초과 달성일 테다.

"지금부터 우리는 자매인 거야. 나는 친언니고. 새 학기도 지난 지금 집을 보러 다니는 건, 갑자기 편입을 하게 됐는데 세상 물정 몰라서 고시원에 살다가 도무지 버티기 어려워서 원룸을 구하기 시작한 거라고. 넉넉하지 않은 형편이라서 집에선 보증금 1000만 원만 해줄 수 있다고 합시다. 내가 주로 말을 할 테니까 중간중간 추임새만 넣어요."

난생처음 잠입 취재를 하는 인턴 기자는, 유창하게 거짓말을 읊어대는 나를 보고 존경의 눈빛을 보냈다. 그러나 이것은 내 기자 경력이 더 많아서가 아니라 '주거 난민'의 20대를 보냈기 때문에 설정할 수 있는 디테일들이었다. 게다가 나는 부산어語 네이티브 스피커였고, 늦둥이 동생을 위해 상경해 집을 함께 알아보는 순박한 언니 연기를 하기에 최적화된 인물이었다.

대신 오늘의 잠입은 내부 상황을 살펴 기사를 쓰는 데 있어 '확신'을 갖기 위함이었지, 보고 들은 것을 기사에 반영하는 데 주안점을 두진 않았다. 무엇보다 현장 취재의 경험이 드물어 솜사탕처럼 벙벙 마음이 부풀어 있는 인턴 기자에게, 어찌 보면 '정도正道'라 하긴 어려운 방법을 강조하고 싶지 않았다.

"안녕하세요. 원룸 좀 보려고 왔는데요."

사근동 초입의 한 부동산 공인중개사 사무소. 컴퓨터 모니터를 보고 있던 60대쯤 되어 보이는 여성 공인중개사는 그 한마디에 의자에서 일어나, 크로스백을 어깨에 멨다. 손에 쥔 자그마한 수첩에는 매물 주소, 층수와 호수별 가격, 집주인 전화번호 혹은 현 세입자 전화번호가 빼곡히 적혀 있었다.

"얼마 정도 생각하고 있는데요?"

역시나 예상에서 크게 벗어나지 않는 레퍼토리.

"1000에 40 정도요. 500으로 할 수 있는 데면 더 좋고요."

"일단 나가봅시다."

중개사는 부산에서 온 두 자매를 데리고 사근동의 골목길로 들어갔다. 여느 다세대주택 밀집촌이 다 그렇듯, 사근동은 사근고개를 가로지르는 왕복 2차로 '사근동길'을 제외하고는 좁은 폭의 정비되지 않은 골목이 미세혈관처럼 복잡하게 얽혀 있다.

"완전 신축은 2000에 65. 관리비 6만 원 해서 70이 넘어요. 왕십리역은 여기보다 교통이 좋아서 더 비싸고. 이 동네는 조용하고, 학교에서 가깝고."

차가 오지 않는 2차로를 무단 횡단하고는 건너편에 있는 한 건물의 외부 현관을 열었다. 암적색 벽돌로 장식된 집이었다. 외관은 1980년대에 많이 지어진 주택의 전형적인 형태로, 외부 계단을 통해 2층으로 올라가면 또 다른 가구의 집이 나오는 식이었다. 하지만 리모델링을 한 지 얼마 되지 않은 듯, 시멘트 포대가 마당에 즐비했고, 미처 다 붙이지 못한 바닥 타일이 여러 장 쌓여 있었다.

중개사는 수첩에 적힌 비밀번호를 힐끗 보고는 네 자릿수를 꾹꾹 눌렀다. 짧은 복도를 가운데에 두고 마주한 네 집. 중개사는 반응을 예상이라도 한 듯 문을 열며 급하게 "방 사이즈가 많이 크진 않다"고 일렀다.

포장도 뜯지 않은 싱크대와 책상, 에어컨, 싱글 매트리스 침대가 이 방이 이제야 막 리모델링한 곳임을 증명하고 있었다. 하지만 더 놀란 것은 방의 크기였다. 침대와 싱크대는 거의 마주 보는 듯해, 마음만 먹으면 침대에 앉아 플라스틱 컵을 던져 싱크대에 손쉽게 '골인'시킬 수 있을 수준이었다. 휴대전화 카메라 앵글로는 한 컷 안에 들어오지 않을 정도로 좁았다. 상반기에 '진짜' 쪽방을 취재하며 사진을 찍을 때도 도무지 한 앵글에 들어오지 않아 어안렌즈를 사용한 적이 있는데, 대학가 원룸 사진을 찍기 위해서라도 초광각렌즈가 필요한 게 아닌가라는 생각이 들었다.

"방들이 이렇게 좁나요?"

"대체로 그렇죠. 오늘 처음 보시죠? 보통 원룸들이 4~5평 정도예요. 이 집은 4평이 안 될 것 같은데……. 기존에 지어진 집들은 사실 이거보다는 좀더 넓어요. 깨끗함은 떨어지지만."

"왜 그러는 건데요?"

"요즘 새로 수리하는 사람들은 넓게 안 해요. 방을 하나 더 만들어서 월세를 받으려고 작게 만들지."

"이 집은 주인이 살다가 새로 수리한 거예요?"

"아니, 그 전에도 학생들한테 월세 주고 있었는데 새로 오픈했어요."

"수리하면서 더 작게 만든 거예요? 월세 더 받으려고?"

"……."

너무 갑자기 핵심 질문을 던진 걸까. 말이 많던 중개사가 갑자기 말을 아꼈다.

내친김에 2층에 있는 1000만 원 보증금에 55만 원짜리 방도 살펴봤다. 역시 불법개조된 방이었다. 55만 원이나 하는데, 밖으로 난 창문 하나 없었다. '창이 없는데 환기는 어떻게 하느냐'는 질문에 복도에 난 창을 열고 외부 창을 열면 통풍은 문제없단다. 까칠한 언니 역할에 심취해서가 아니라, 도무지 저 금액을 주고 살 수 있는 집이 아니었다. 옥상은 불법 증축해 1000만 원에 55만 원짜리 세를 놓고 있었다.

연신 "좁다" "좁다"를 외치며 도무지 계약할 기세를 보이지 않자, 중개사는 또 다른 집으로 기자 일행을 안내했다. 데이터로 조사했던 65채 중 한 곳이었다. 모니터로만 봤던 불법 건축물 표본의 내부를 직접 확인할 수 있는 행운이 찾아왔다.

"여긴 1.5층인데, 호수는 1층. 101호, 102호, 103호, 104호."

복도에서부터 불법 건축물의 흔적이 역력했다. 101호 현관이 있는 벽과 바닥은 하얀색과 회색이었지만, 102호, 103호, 104호 입구의 벽은 옅은 주황색이고 바닥은 암적색이었다. 원래 101호와 102호만 있었던 방을 각각 2개씩 분할하면서 입구를 새로 만들었기 때문이다.

"여긴 500만 원에 45만 원. 관리비 포함하면 50만 원. 다른 집도 500에 45짜리가 있긴 한데 해가 안 들어와요. 여긴 일단 창문이 크기 때문에 환하잖아요. 원래 햇빛 들어오면 10만 원은 더 비싼데, 여긴 싸잖아."

채광에도 돈이 든다고 했다. 하긴, 국가가 마련한 최소 조건인 최저 주거 기준도 면적 등 정량적 요소만 초점을 맞추고 채광이나 온수 같은 것을 고려하지 않는데, 민간 건물주가 그것에 값을 매기지 말라는 법은 없다.

"햇빛에도 돈을 내야 하는지는 서울에서 처음 알았네요."

"여기가 워낙 싸서 추천하고 싶어요. 저런 큰 창문 있는 데가 아주 드물어요."

그러나 불법 쪼개기의 결과는 '빨래 건조대' 하나 제대로 펴지 못하는 좁은 방이었다. 방 안의 가구들이 마치 테트리스 조각을 맞추는 것처럼 조금의 틈도 허용하지 않은 채 배치되어 있었고 한가운데 공간에 건조대를 펼치고 나니 단 한 사람도 지나

가지 못할 수준이었다.

"이 정도면 5평은 아니고 4평쯤 되려나. 그런데 아가씨, 내가 아까도 말했지만 이 동네 원룸은 좀 깨끗하다 싶으면 다 이 정도 넓이예요. 그 가격이면 깨끗한 거 포기해야 넓은 집 갈 수 있는데. 막말로 요즘 대학생들 공부한다고 바빠서 집에 잘 있지도 않은데, 넓은 건 그렇게 대수가 아니에요."

아마 중개사의 입에서 무심코 나온 진심이 대부분 대학가 원룸 임대사업자의 생각일 것이다. 어차피 표준임대계약 2년도 다 못 채우고 나가는 일이 비일비재한 대학생들이다. 집을 보는 눈썰미가 뛰어나지 못하다보니, 싸구려 새 가구를 집어넣으면 신축인 줄 알고 비싼 월세도 감당하는 뜨내기 손님일 뿐이다. 만족스럽지 못한 집에 살면서 세입자로서 임대인에게 개선을 요구하기보다는 카페, PC방, 도서관, 술집 등 바깥으로 나돌며 자발적으로 '집의 외부화'를 실천하는 온순한 세입자들.

너무 노골적인 표현에 한순간 얼굴이 굳어지자, 중개사는 분위기를 수습한답시고 조건을 약간 올려 좋은 집을 보러 가자고 제안했다. 1000만 원에 55만 원짜리 원룸은 애초에 제시했던 가격보다 더 비싸지만, 월세에 전기, 가스, 인터넷 등 관리비가 포함되어 오히려 싸게 먹힐 수도 있다는 의미였다.

"첫 입주라서 깔끔해요. 그런데 여기도 창문이 복도에 있어. 어차피 외창을 열면 환기시키는 데는 문제없고."

원룸의 공간이 모자라서인지 벽걸이형 에어컨의 절반만 밖으로 나와 있고, 나머지는 선반 가구에 가려져 있었다. 집주인은 자신더러 이런 방에 살라고 하면 살 수 있을까. 이런 집을 55만 원이나 받다니. 한 층에 이런 방만 여덟 칸이었다.

그 뒤로도 한 시간가량 중개사와 집을 세 곳 더 돌아다녔지만, 최저 주거 기준을 지킨 온전한 집은 없었다. 두드러졌던 특징은, 「응답하라」 드라마 시리즈에 나올 법한 하숙집 형태의 단층주택의 모습을 하고 있는 건물마저도, 공동 현관을 통과하면 복도를 따라 신쪽방이 다닥다닥 붙어 있었다는 것이다. 하지만 겉으로 봤을 때는 마치 어린 시절 외갓집처럼 정감 있는 외관이었다. 이런 집도 500만 원에 55만 원을 받는다.

"한양대 근처에서는 그나마 제일 싼 동네가 사근동이에요. 그래도 다른 동네에 비해서 비싼 편이긴 하죠. 한양대에 기숙사가 많이 부족해서. 다른 부동산에 가도 다 똑같은 물건 보여주니까, 동네 둘러보시다가 우리한테 오셔야 돼."

서울,
뜨내기들의 욕망 도시

사근동에서 온 답장

청년 주거빈곤율 37.2퍼센트
당신은 집에서 안녕하신가요?

당신이 살고 있는 집은 몇 평인가요?
어떻게 해서 지금의 집에 살게 되었나요?
지금 당신에게 집은 아늑한 쉼터인가요, 아니면 잠시 지나가는 거처인
가요?

안녕하세요. 한국일보 기획취재부입니다.

'특별한 기준으로 선정된' 세입자님에게 이 편지를 보냅니다.

이제, 당신의 '원룸' 이야기를 들려주세요.

메일함과 오픈채팅방에서 기다리고 있겠습니다.

어느 날 집에 도착했더니 우편함에 이런 편지가 도착해 있으면 대부분의 사람은 어떤 반응을 보일까. 2019년 10월 10일. 인턴과 위의 내용을 인쇄한 종이 1000장을 나눠 담아 '신쪽방'으로 판명된 65채 건물의 우편함으로 발송시켰다. 결국 중요한 건 데이터보다 그 속에 살고 있는 사람의 '스토리'였기 때문에, 신쪽방에 사는 청년들을 만나지 않고서는 기사를 쓸 수 없었다.

이 편지를 받을 사람들은 도서관에서 중간고사 공부를 하다가 지친 몸을 이끌고 귀가하는 한양대 재학생일 수도 있고, 퇴근 후 편의점에서 맥주 한 캔을 사서 돌아오는 한양대 졸업자인 사회 초년생일 수도 있을 것이다. 만에 하나 '불법 방 쪼개기'를 자행한 건물주일 가능성도 있었다.

처음 '편지를 배달해 취재원을 확보하겠다'는 아이디어를 냈을 때, 함께 하던 선배는 부정적이었다. 누가 거기에 응답하겠느냐는 염려에서였다. 몸이 고생하는 것에 비해 결과물이 없을 것이라는 노파심도 있었을 것이다.

하지만 내게 중요한 건 '가성비(가격 대비 성능)', 아니 '노성비(노력 대비 성취)'가 아니었다. 이상하게 주거 관련 기획을 할 때에는 '대충' 해도 될 것을 전심을 다해 뛰어들게 된다. 어쩌면 주거와 빈곤이 내 인생을 관통하는 이슈였기 때문일 수도 있다는 생각을 조심스럽게 하게 된다. 살짝 빈곤한 사유와 엉성한 문체를 가졌음에도 불구하고, 매 순간 진심인 것은 내가 저널리스트로서 일하는 데 강력한 무기가 된다.

인턴은 사수를 잘못 만난 죄로, 자매 연기에 이어 편지 배달, 더 나아가 모든 집의 계량기와 우편함 사진을 찍는 일에까지 동행해야 했다. 이제 남은 건 '기다림의 시간'뿐이었다. 누군가 여기에 응답해오기를, 진심을 알아주기를 마음속으로 간절하게 바라는 것밖에 할 수 있는 게 없었다.

그리고 그 바람은 24시간도 지나지 않은 10월 11일 자정, 휴대전화에서 '카톡' 소리가 울리면서 이뤄졌다. 취재원을 만나기 위해 개설한 오픈채팅방에 누군가가 들어온 것이다.

'이건 뭔가요?'

호기심 반, 의심 반의 첫 마디였다. 어쩌면 처음이자 마지막으로 오는 답상일 수도 있을 것이다. 흥미를 잃고 나가버리기 진에, 연락처를 받고 인터뷰이로 섭외해야 했다. 먼저 '이상한 사람'이 아니라는 것을 알려주기 위해 명함을 찍어 보내고, 지금까지 쓴 기사 링크도 보내며 자기 PR을 열심히 했다.

'안녕하세요. 먼저 연락 주셔서 정말 감사합니다. 편지에 처음으로 답장 주신 분입니다. 한국일보 기획취재부에서 청년 주거 관련 기획을 하고 있어요. 불법 건축물과 관련한 제보를 받고 있습니다.'

'네, 출장 다녀왔는데 우편함에 편지가 와 있더라고요.'

'졸업생인가봐요. 지금 살고 계신 원룸에 오래 거주하셨어요?'

'대학원생입니다. 이제 1년 됐고요. 그런데 저희 집은 불법 건축물은 아닌 듯한데요.'

'사근동 ***번지 맞지요? 저희가 조사한 바에 따르면 불법 건축물이 맞습니다. 혹시 다음 주쯤 뵙고 간단하게 인터뷰할 수 있을까요?'

'헐. 충격적이네요. 그냥 재미있을 것 같아서 연락 드린 건데. 저도 반신반의했거든요. 사기가 아닐까 하고. 어쨌든 다음 주에 뵙죠.'

첫 연락을 받고 심장이 두근거려 또 잠을 이루지 못했다. 이제 기사 출고가 코앞으로 다가왔다. 데이터도 세팅되었고, 현장의 증언으로 충분히 이를 입증했다. 남은 것은 '사람의 목소리'. 단 한 명이라도 연락이 와서 다행이라고 생각하던 찰나, 메일함에 '새 메일 도착' 알림이 떴다.

이혜미 기자님께33

안녕하세요. 오늘 퇴근하고 이 종이가 우편함에 있어서 메일을 드립니다. 사근동 담벼락길을 다니면서 종이를 넣었을 기자님의 모습이 떠올라서 답장을 드립니다. 그냥 생각나는 대로 제가 아는 걸 다 말씀드리는 거라 글에 두서가 없는 점 양해를 부탁드립니다.

제가 사는 원룸에는 대학교 3학년 때인 2015년 9월 한 회사의 인턴 일을 하면서 들어왔습니다. 만 4년을 넘게 살았네요. 서울 하늘 아래 유일하게 마음 편히 눈 붙일 공간이라 제게는 아늑한 쉼터입니다. 원룸의 실평수는 8평 남짓입니다.[34] 혼자 살기에는 모자람이 없지만 방에서만 있기에는 답답한 그 정도의 공간입니다.

2015년 8월 31일, 인턴 첫 출근 통보를 그 저번주 금요일에 받았습니다. 무슨 캠프에 있어서 그날 행정적인 절차를 마칠 수가 없었습니다. 갑작스레 등록 학기를 취소하고 휴학을 하자 기숙사에서 나와야만 했습니다. 다행히 학교에서 배려를 해줘서 집을 구할 때까지는 살 수 있게 해줬습니다.

학교 근처에 가장 월세가 낮으면서 주거 여건이 괜찮은 방으로 고르려고 노력했습니다. 채광, 통풍, 환기가 잘되는 집이어야만 한다. 1학년 때 고시원과 하숙집에 살아보면서 창문 있는 방의 탁월함을 체감했거든요.

왕십리 6번 출구 앞이나 한양대 정문 뒤쪽, 행당동은 왕십리역과 가까워서 살아야 하나 고민은 많이 했습니다. 부동산 이곳저곳을 가봤습니다. 그런데 아무리 봐도 주거 여건은 나쁘고 월세가 말도 안 되게 높았습니다. 4년 전이었는데도 1000에 80 하는 집이 상당히 많았습니다. 조금 더 괜찮은 곳은 3000에 55나 50 이런 조건이 많았습니다.

약 2주간 발품을 팔았습니다. 결국 부모님이 해줄 수 있는 돈을 기준으로 집을 보게 됐습니다. 이것저것 따져보다가 마침내 이 근방에서 가장 저렴한 사근동으로 들어오게 됐습니다. 나중에 인턴을 마치고 복학하면 제가 주로 다닐 학교 건물들과는 가까워서 오히려 유리하겠다는 계산도 있었습니다.

그때 등기부 등본을 처음 떼봤습니다. 제가 사는 이곳도 근저당이 잡혀 있다는 걸 계약 직전에 알게 됐습니다. 원래는 주택이었던 건물을 신축하면서 빚을 지셨다고 합니다. 이 집의 원래 주인이 여기서 하숙을 놓으셨다가, 아들딸에게 물려주면서 증축을 하게 됐습니다. 증축된 건축물은 불법 건축물로 벌금을 물었던 전력이 있더군요.

그래도 신축이라는 점이 마음에 들었고, 주인아줌마의 마음씨가 좋아서 같은 조건으로 이곳에 계속 살았습니다. 보증금은 부모님이 보태주셨습니다.

처음 이곳에 왔던 때인 2015년에 제 앞집과 윗집이 신축 공사를 해서 하루 종일 공사장 소리가 났습니다.

아마 이 집은 여학생이 혼자 살기에는 좀 곤란한 위치에 있지 않나 싶습니다. 왕십리역에서 여기로 올 때 밤에 인적이 드문 사근동 고개를 지나와야 하고, 한양대학교에서 사근초 담벼락 길을 올라온다 해도 깊숙이 들어와야 합니다. 저는 남학생이라 괜찮은 것 같습니다. 그래서인지 몰라도 이 집에는 남성 거주 비율이 압도적으로 높습니다.

제가 사는 밑 집에 처음에 한양대 컴퓨터공학과 10학번 여학생이 살았는데, 취업을 하시더니 이사를 갔습니다. 제 옆옆 집에는 우산을 훔쳐간 중국인도 살았고, 밑의 층에는 혼자 사는 기러기 아빠도 있었던 것 같습니다.

한번은 맞은편 집에서 저희 집 창문이 보이는 위치에 CCTV 가 설치돼 강하게 항의한 적이 있습니다. 창문 맞은편에 있는 집이 채광을 가려 영화 「버닝」처럼 제 방에는 오후 3시가 되어 야 빛이 한 줄기 들어옵니다.

가끔 창문을 열어두면 담배 냄새가 흘러들어오기도 했고, 옆 집에서 너무 시끄럽게 떠들면 소리가 들리기도 합니다. 대학생 이 많이 사는 곳이다보니 그런 부분에 대해 서로 양해를 합니 다. 크게 신경 쓸 정도는 아닙니다. 쓰레기 처리 규칙이 없어서 쓰레기를 함부로 버리는 편인데, 주인아주머니가 매일 와서 치 우십니다.

이 집에 살면서 생긴 조금 재미있는 일화는 배달 음식을 시켜 먹을 때마다 길 설명을 해야 하는 일인데요. 네이버 지도에 이 집 주소를 찍으면 그 문이 막혀 있거든요. 그곳에서 오른쪽을 보면 오토바이가 못 올라가는 길을 걸어 올라오셔서 왼쪽에 빨간색 지붕에 철제 대문이 있는 집이 보인다라는 한 문장의 가장 경제적인 설명을 찾기까지 2년이 걸렸습니다. 그래서 처 음 이곳에 오는 배달원들이 30, 40분을 헤매는 일도 종종 있 었습니다.

제 얘기가 청년 주거빈곤 사례에 완벽히 해당되는지는 모르겠 네요. 어쨌든 저한테는 고정적 수입이 있으니까요. 그러나 또 다시 '서울 집'을 구해야만 하는 상황이 온다면 막막할 것 같 습니다.

전동수 드림

당신에게 집은 어떤 의미인가요?

10월 16일 오후 10시. 이제는 내가 사는 동네처럼 익숙한 사근동이지만 늦은 밤에 이곳을 찾는 건 처음이었다. 신축 원룸과 낡은 다세대주택이 뒤섞여 있는 골목은 여성 혼자 걷기 썩 좋은 환경이 아니었고, 가로등과 전선 사이에는 거미줄이 엉켜 있었다. 장문의 메일을 준 전동수씨를 직접 만나기 위해 주황색 가로등이 반짝이고 인적 드문 사근초 옆 언덕길을 혼자 저벅저벅 걷고 있었다.

그의 메일에는 거짓이 없었다. '여학생이 혼자 살기에는 곤란하다'는 말처럼 인적 드문 고개를 지나 골목 깊숙이 들어와야 했고, '배달음식을 시켜먹을 때마다 길을 찾지 못한다'는 설명처럼, 지도에 나온 집 주소를 찾아갔지만 배달 기사들처럼 엉뚱한 집 앞에 서 있었다.

"여기예요, 여기!"

신입사원이라 퇴근하자마자 양복 차림으로 기자를 마중 나온 전동수(가명·27)씨는 언덕 위의 다른 입구로 기자를 안내했다. 번호키를 입력해야 열리는 최신식 현관, 멀끔한 복도 타일에 '이 정도면 살 만한 것 같다'는 생각이 들려는 찰나, 전씨가 사는 2층으로 올라가니 복도에는 글자가 빼곡히 적힌 A4 용지가 세 장 붙어 있었다. '아래층에 사시는 분들을 배려해 늦은 시간에 세탁기 사용을 자제해달라' '늦은 밤에 여자친구와의 애정 행각 소리는 다 들리니 각별히 조심해달라'는 내용이었다.

"하하, 안 된다는 게 참 많죠. 집이 잘못 지어진 건데 사는 사람들보고 조심하라네요."

안내문에 시선이 머물자 전씨가 멋쩍게 웃으면서 302호의 문을 열었다.

4절 스케치북 한 바닥 정도는 될까. 전씨의 방은 들어가는 일부터가 난관이었다. 한 사람 서 있기도 힘들 정도로 좁은 현관에는 주말에 여자친구와 데이트할 때 신었을 법한 운동화와 종량제 봉투에 담긴 쓰레기, 세탁세제가 뒤엉켜 있었다. 편의점에서 파는 일회용 우산도 함께 나뒹굴었다. 신발을 보관하는 선반은 일곱 켤레만 수납했는데도 포화 상태였다.

"수납공간이 없어서 어쩔 수 없네요. 앉으실 곳도 마땅치가 않아서요."

메일에서 전씨는 8평(26제곱미터) 성도 되어 보인다고 했지만, 한눈에 보기에도 방은 4평(13.2제곱미터)이 될까 말까 했다. 서류상으로는 15제곱미터라 되어 있었지만, 이는 최저 주거 기준 이상이라는 것을 보이려는 꼼수였다.

어설픈 정사각형 방. 침대, 책상, 옷장, 싱크대, 인덕션이 갖춰진 '대학가 풀옵션 원룸'. 그러나 그 어느 것 하나도 제 기능을 하고 있지 못했다. 공간이 부족해 인덕션 위는 로션과 헤어스프레이, 드라이기 등 화장품을 올려놓는 공간이 됐다. 잡동사니가 잠식해버린 주방은 당연히 밥 짓는 공간으로서의 기능을 하지 못한다. '요즘 청년들이 바빠서 집밥을 해 먹지 않는 건지', 아니면 '집이 집으로서 기능을 하지 못하기에 밥을 먹는 행위가 바깥으로 뛰쳐나가버린 건지'에 대해서는 선후 관계를 세심하게 파악할 필요가 있다.

침대 위 벽에는 검은 곰팡이가 넓은 범위에 걸쳐 피어 있어 흉측했으나, 이 방에서 4년째 살고 있는 전씨는 크게 개의치 않는 듯 보였다. 검은 곰팡이는 건물 자체 시공에 문제가 있어 결로가 있으면 생길 수도 있고, 방 안의 습기가 빠져나가지 않을 때도 생기는데 이 집의 경우 두 가지 모두 복합적으로 작용한 것처럼 보였다. 한 사람이 겨우 들어갈 수 있는 화장실은, 너무나 좁아서 세면대와 변기가 바짝 붙어 있었다. 체격이 있는 사람은 틈바구니를 비집고 앉아야 할 정도였다. 물론 환기를 위한 작은 창문이나 환풍기는 없다. 이러한 구조의 연쇄 작용으로 집은 해로운 검은 꽃을 피워내고 있었다.

가난하다고 해서 취향이 없을까. 가뜩이나 좁은 공간에 그는 전자키보드를 집어넣었다. 영화를 전공하고 음악을 사랑하는 그가 이 집에서 유일하게 위안을 얻는 물건이다. 물론 여러 가구가 들어간 좁은 방에 악기를 두고 나니, 접이식 테이블 하나 펼 수 없게 되어버렸다. 집 안에서 밥을 먹는 경우는 거의 없지만, 가끔 배달 음식이나 즉석식품을 먹을 때, 책상을 치우고는 의자에 앉아 먹는다고 한다. 검은 곰팡이가 핀 벽을 마주한 채로 말이다.

"대학 다닐 때 서울 잠실의 엘리트 아파트라는 곳에서 과외를 했거든요. 아시죠? 엘스, 리센츠, 트리지움 아파트 말이에요. 그러다가 사근동 원룸으로 돌아오던 기억이 아직도 생생해요. 왜

한양대 졸업생 전동수씨가 사는 서울 성동구 사근동 한 '불법 쪼개기 원룸' 내부. 4.5평 방엔 세탁기, 냉장고, 전기조리기구, 책상, 침대가 빽빽이 놓여 있다. 공간이 없어 싱크대 위에 드라이기, 로션 등 잡동사니가 널브러져 있다. 방 안의 화장실 변기는 겨우 앉을 만큼 여유가 없다. 방음이 되지 않아 헤드셋을 끼고 종종 전자악기를 연주하며 답답함을 푼다.

영화 「기생충」을 보면 주인공 기택의 가족이 으리으리한 부잣집에 있다가 비를 맞으면서 끊임없이 계단으로 내려와 반지하집으로 향하잖아요. 그런 느낌……. 잠실에서 과외하고 사근동의 제 원룸으로 돌아올 땐 그 영화의 현실 버전 같았어요.”

잠실의 아파트와 비교하자면야 암울하지만, 그래도 서울 생활 8년 만에 1평에서 5평으로 집은 다섯 배나 넓어졌다. ‘비주택’인 고시원에서 그나마 어설프게 집의 형상을 갖춘 ‘불법 쪼개기 원룸’으로 말이다. 이 집은 건축물대장대로라면 ‘1가구’가 살아야 하는 단독주택이지만, 건물주는 3층짜리 건물을 16가구가 사는 원룸으로 개조해 세를 놓고 있다. 그는 이런 집에 보증금 4000만 원에 월세 15만 원을 낸다. 월세가 부담스러워 4000만 원이라는 목돈은 부모님께 손을 벌렸다.

“사실 전 여기가 불법 건축물이라는 걸 알고 들어왔어요. 그런데 제가 원하는 가격에 신축 원룸에 들어가려면 이런 곳밖에……”

2015년 9월, 계약 당시 공인중개사로부터 ‘중개대상물 확인 설명서’라는 것을 받았다고 한다. 공인중개사에서는 반드시 집에 대해 충분히 설명했다는 문서를 남겨, 계약자 혹은 세입자에 전달해야 하지만 실제로 그렇게 하는 경우는 거의 없다. 전씨가 받아든 종이에는 ‘위반 건축물’이라는 딱지가 붙어 있었다고 한다.

“위반 내용을 보면 옥상층 괄호 하고…… 계단식 주거 10제곱미터…… 1, 2층 건물 전면 주거 6제곱미터…… 1, 2층 건물 후면 주거 10제곱미터…… 슬라브 벽돌 이렇게 돼 있는데 이게 위반했다는 거라고 나오더라고요. 그런데 2015년 당시에는 이 정도 조건의 신축 건물을 구할 수가 없어서……"

20대 청춘에게 불법에 몸을 의탁하는 것은 전혀 거부할 만한 고려 대상이 아니었다. 위반 건축물이라는 것을 알았지만, 보증금을 떼일 문제만 없다면 그 정도는 감수할 수 있는 수준의 리스크였다고 전씨는 회상했다.

"당시 인턴생활을 하던 중이었는데, 퇴근하고 부동산을 왔다 갔다 하는 것 자체가 정말 지치더라고요. 한 2주 동안 알아봤는데 그 혼자 알아보는 과정이 정말…… 그래서 그냥 고민하지 말자 싶어 계약했어요. 혹시나 돈을 떼일까봐 전입신고를 잽싸게 했어요. 호수가 없는 집은 전입신고를 못 할 수도 있대요."

처음 서울에 왔던 2011년 2월부터 8월까지, 6개월 동안 그는 고시원 생활을 했다고 한다. 왕십리역 8번 출구에서 나와 무학여고 빙면에 있는 'H원룸텔'에서 살았는데, 그는 '원룸텔'이 고시원인지도 모른 채 "좋은 물건이 있다"는 공인중개사의 손에 이끌려 그곳에 첫 보금자리를 마련했다.

"지방에서 온 아버지가 이게 집인지 뭔지 어떻게 아셨겠어요. 저희 아버지는 백화점에 가서도 옷 고르는 걸 싫어하는 분이에요. 그래서 그땐 보증금을 더 많이 해야 된다거나, 주거 조건을 따져야 한다거나 이런 고려를 전혀 할 줄 몰랐어요.

아버지도 집을 보시고는 '처음에는 이런 곳에서 시작해도 된다'고 말씀하셨어요. 또 1학년 마치고 군대를 가야 하니, 너무 큰 돈을 보증금으로 맡기기 힘들어서 그냥 고시원에서 6개월을

산 거죠."

무뚝뚝한 아버지였지만, 고시원에서 크게 아프다는 소식을 듣고 새벽 내내 차를 몰아 부산에서 서울까지 올라왔던 그 모습을 전씨는 잊지 못한다고 한다. 기껏해야 공용 주방 시설뿐인 고시원에서 제대로 밥을 챙겨 먹기도 어려운 생활이 이어지자, 매일같이 라면을 먹은 탓에 장염에 걸려버린 것이었다. 밤 10시, '아프다'는 아들의 문자에 아버지는 밤새 차를 직접 운전해서 서울에 왔다. 고속도로에서 20분씩 짧은 잠을 자면서 그렇게 아들에게로 와 병원에 데려간 후에야 다시 부산으로 돌아갔다.

"사실 저는 이 집에 처음 들어왔을 때 좀 기뻤어요. 그 전엔 고시원, 하숙, 기숙사를 전전했거든요. 기숙사에 살 땐 제 코골이 소리 때문에 같이 사는 사람이 스트레스를 받아서 학기마다 룸메이트가 바뀌었어요.

또 기숙사에서는 샤워하러 갈 때도 5~10미터는 걸어가야 했는데, 여기서 바로 샤워를 할 수 있다는 것도 장점이죠. 그렇게 살다가 이젠 혼자 편한 데서 살고 있으니, '주거 상향'을 이뤘다고 할 수 있지 않을까요."

고시원, 하숙집, 기숙사……. 나름 다양한 형태의 주거를 경험하는 가운데 그가 가장 중요하다고 생각하게 된 건 '창문'이라고 한다. 그래서 집을 보러 다닐 때 창문이 있는 집을 구하려고 노력했는데, 4년 전에도 그런 집은 전세 8000만 원을 요구했다고 한다. 나름의 타협을 하면서 온 곳이 지금의 집이다. 하지만 햇빛이 간절해 고르고 고른 집도 오후 3시가 되어야 햇빛 한 줄기가 가느다랗게 들어오는 정도라고 한다.

"창문이 생겨서 좋았던 건 찰나이고…… 기자님 여기를 보세요. 맞은편에 CCTV가 있어요. 자세히 보시면 지금은 가림막이 설치돼 있죠? 어느 날 창밖을 보는데 창문 바로 맞은편에 CCTV가 설치돼 있는 거예요. 맞은편 원룸집에서 신발 같은 것들이 없어지고 그러니까 감시하려고 설치한 건데, 저희 집이 보일 수밖에 없는 각도라서 너무 화가 났어요. 집주인에게 항의를 했더니 저희 집이 보이지 않을 거라고 모르쇠로 일관하길래 정말 화를 심하게 냈어요. 이런 집에 산다고 사생활까지 열어둔 건 아니잖아요. 결국 투쟁 끝에 가림막이 생겼어요."

인터뷰를 하는 내내 그는 방 안에 앉아 있었고, 나는 앉을 장소가 마땅치 않아 현관 근처에 1시간 동안 선 채로 이야기를 나눴다. 간혹 옆집 이웃이 출입하며 문을 닫으면 벽 자체가 흔들리기도 하고, 같은 층의 누군가가 켜둔 TV 소리가 고스란히 전해졌다.

"옆의 소리가 다 들리네요?"

"네, 방문 닫을 때 진동도 느껴져요. 신음 소리도 들리고요. 앞집인지 모르겠는데 계속 여자친구를 데리고 와서 그런 소리를……. 그래서 복도에 그런 안내문이 붙여져 있던 거예요. 저는 괜찮았는데 밑층 사람이 되게 괴로웠나봐요. 결국 밑에 살던 분이 너무 스트레스 받아서 나왔어요. 이 동네에 외국인, 특히 중국인도 되게 많은데 낯선 외국 음식 냄새, 중국어 방송…… 다 역겹게 느껴져요."

"문을 닫고 방에 들어와 있는데도요?"

"다 알 수 있죠. 여기서 사생활이라는 건 없어요."

집이라는 공간이 반드시 지켜줘야 하는 것은 '개인'이다. 그러나 겉으로나마 어설프게 갖춰진 격벽이 막아주는 것은 소리, 단열, 사생활, 냄새 등 아무것도 없었다. 이 모든 곤란함을 집에서 겪어야 한다는 것은 창피하고 불필요한 일이다. 집이 최소한의 기능을 하지 못할 때, 자신을 보호하기 위해 예민하게 날선 감정은 손쉽게 타자를 향한다. 사려 깊게 생활하지 못하는 이웃집 사람, 소음처럼 들리는 언어를 구사하고 이국적 향을 풍기는 외국인 등. 혐오는 나의 너그럽지 못한 상황을 틈타 번지기도 한다. 전씨가 낯선 이웃에 막연한 반감을 갖게 된 것처럼.

방 안에는 군데군데 개미약이 붙어 있었다. 특히 개미가 들어오는 현관 입구에 집중적으로 붙어 있었다. 6년 전, 내가 전세자금대출로 살던 집에서 썼던 개미약이었다. 온갖 종류의 개미약을 시도했지만, 어느 날 갑자기 출현한 개미를 잡을 길이 없었고, 온라인에서 여러 사람의 추천을 받아 샀던 바로 그 해충제였다. 그 익숙한 제품이 눈에 들어오자 어느새 내 머릿속엔 그 집에서 있었던 그날의 '사건'이 떠올랐다. 날짜와 시각도 생생하게 남아 있다.

2013년 10월 5일 새벽 3시, 서울 서대문구 연희동의 한 원룸.

옆집 101호에 살던 남자는 얼핏 봐도 게임만 하는 '은둔형 외톨이'였다. 마주칠 일 없었지만 어쩌다 집 앞에서 만나기라도 하면 몇 주는 감지 않은 듯한 떡진 머리에서 냄새가 났다. 피고름 찬 여드름 자국을 보고 잠시 눈이라도 마주치면, 그 남자는 눈을 내리깔고 황급하게 갈 길을 갔다. 집 안에 틀어박혀 컵라면 따위나 먹는 것인지 그는 한눈에 봐도 건강에 좋지 않을 만큼 뚱뚱했다. 스물다섯 살의 나는 옆집에 그런 남자가 산다는 것을 곤란해했고, 간혹 무섭기도 했지만, 'LH 전세자금대출'이 가능한 원룸이 몇 되지 않아서 애써 무시하며 살았다.

그러던 어느 날 새벽, 경찰의 무전기 소리가 방 밖에서 들려왔다. 철문을 쾅쾅쾅 두드리는 소리가 이어졌다. 침대에서 일어나 현관에서 외부를 보는 렌즈를 통해 동태를 살폈다. 경찰 옷을 입은 사람 서너 명이 있었고, 잠옷 바람의 집주인이 함께 서 있었다. 그리고 무언가 들것에 실려나갔다. 옆집 사람이 죽은 것이다.

며칠 뒤 그의 모친으로 보이는 이가 담배 연기로 노오랗게 절어 있는 가진 도구를 쓰레기 집하 공간에 내놓고, 빙을 걸레로 닦는 것을 보고 나는 '그 일'이 실제 일어난 것으로 확신했다. 너무 믿기지 않는 것을 보았을 때 나는 간혹 꿈이라고 착각하는 일을 겪곤 했다. 그리고 그날 새벽 아무것도 보지 않은 것처럼 집주인에게 연락을 했다.

'혹시 며칠 전에 101호에서 무슨 일이 있었나요? 너무 시끄러워서요.'

'아, 학생이 좀 아팠는데 별일 아니에요.'

집주인은 필사적으로 이웃의 죽음을 숨겼다.

그러나 그가 죽고 나서 옆방인 내 원룸에 변화가 있었다. 방 안에 개미가 들끓기 시작한 것이다. 하루는 커피를 마시려고 전기주전자를 열었는데, 물에 개미가 수십 마리 둥둥 떠 있을 정도였다. 발의 굳은살을 정리하다가 각질을 책상 위에 두면, 수백 마리의 개미가 몰려들었다. 사람의 피부 각질이나 시체 따위를 먹는 '애집개미'였다.

집주인이 한사코 알리려 하지 않은 그의 죽음, 하지만 개미들은 진실을 말하고 있었다. 그것은 꿈이 아니라고! 몇 주 뒤 집주인은 101호의 가구를 몽땅 새것으로 교체했다. 얼마 지나지 않아 키가 큰 또래 여성이 입주했다. 며칠 뒤 공용 택배함에는 똑같은 개미약 제품이 담긴 택배 상자가 있었다.

갑자기 전씨 집에 붙어 있는 똑같은 개미약을 보고 그때 생각이 났다. 돈이 없고, 저리低利로 대출받아 겨우 얻은 집이었기에, 옆집에서 사람이 죽어 께름칙해도 참을 수밖에 없는 비참함. (어쩌면 나보다 더 괴로운 상황에 처해 있을 타인과 그의 죽음마저 혐오 어린 눈으로 보게 되는 마음의 빈곤함.) 이렇게 곤란하고 괴로운 경험들이 쌓이면, 벼랑 끝에서 자신을 지킬 방법만 궁리하게 된다.

"저는 강남 아파트를 지키려는 사람들의 마음이 이해가 가요. 특히 집에 대해서는 뭔가 손해를 보면 안 된다는 생각이 정말 강해요. 두려움 같은 것 아닐까요. 집이라는 건 결국 '이 선은 넘어오지 마'라는 그런 상징이잖아요. 넘어오면 가만히 안 있겠다는 그런 보수적인 생각이 자꾸 들어요. 집의 여러 문제를 겪으면서 '내 걸 지키는 게 뭔지' 생각해본 것 같아요."

주거빈곤의 경계에 놓인 저지에, 그는 '강남 아파트를 지키는 사람'의 마음을 내면화했다. 앞으로 기대 소득이 많아서일까, 그가 좋은 대학을 나와 정규직 캐슬에 갓 입성한 사회 초년생이라서일까. 본인은 「기생충」의 기우(최우식 분)처럼 '다 계획이 있다'고 했다.

"저는 계획이 다 있어요. 결혼할 때쯤엔 10평 정도는 더 넓은 집으로 가는 게 최소 기준이에요. 적어도 20평, '자가'로."

"집을 왜 자가로 가져야 한다고 생각하세요?"

"고통받지 않기 위해서요. 세입자였던 지난 8년은 고통이었어요. 역이랑 좀더 가까워지고 싶고, 좀더 넓게 살고 싶고, 부엌이랑 방이 분리된 곳에서 살고 싶고, 빨래를 널었을 때 햇빛이 들어오는 곳에서 살고 싶고. 그게 제 계획이에요."

무슨 거창한 청사진이 있는 것처럼 '자신은 다 계획이 있다'고 말하면서도, 고작 열거하는 것은 집의 너무나 기본적 조건인 것들. 햇빛, 부엌과 방의 분리, 면적.

"계획이라기엔 완전 기본적인 조건들인데요?"

"그게 지금 90년대생의 운명 아닐까요. 늘 평균을 살려고 노력하지만 평균을 살 수 없는. 저는 '집'에 대해 크게 부여하는 의미는 없어요. 다만 사랑하는 사람들이 왔을 때 공간을 내어줄 수준만 되었으면 좋겠어요. 친구들도 초대하고. 마음속에 그런 이상향이 있지만…… 근데 잘 안 되죠."

청춘에게 더욱 비정한 도시, 서울

청춘이 다 같이 푸르딩딩한 색깔일까. 누군가는 재기발랄한 청춘을, 누군가는 거무죽죽한 청춘을 보내고 있다면 그 색을 가르는 일차적 계급은 '인서울 대학'이다. 적어도 서울에 있는 4년제 대학을 다니고 있다보면 등골 휘게 만드는 주거 비용과 생활비도 모두 '버틸 수' 있는 동력이 된다. 적어도 정규직 노동을 할 기본 조건은 갖춰졌기 때문에 가정에서도 '투자'라고 여겨 교육에 전력을 쏟는다.

하지만 청년의 진짜 가난은 보이지 않는다. 서울의 이름 있는 대학도 나오지 않은, 비정규직 지방 청년의 삶 같은 건 미디어에서 다뤄지지도 않고, 머릿속에서 잘 상상되지도 않는 추상적 관념이다. 외국의 슬럼과 달리, 한국은 도시의 빈자들이 반지하, 옥탑방, 고시원 등으로 숨어 들어가기 때문에 눈에 띄지 않는다. 한국의 빈곤은 더 이상 군집을 짓지 않고, '원자화'된 빈곤의 존재감은 점점 미미해진다.[35]

애써 보이지 않는 빈자의 이야기를 끄집어내고 싶었다. 그러나 어느 순간 나를 둘러싼 커뮤니티도 비슷한 이들로 꾸려져, 닿을 수 있는 청년은 4년제 대학의, 어느 정도 지위가 보장된 청년들뿐이었다. 보이지 않는 빈자는, 누군가 가난의 냄새를 맡을세라 고시원에, 신쪽방에, 반지하에 그렇게 바퀴벌레 숨듯 숨어버렸다.

그렇게 기사는 반쪽짜리로 나갔다. 나의 판단이 부족했고, 정교하지 못한 설정이었다. '청년 주거'를 다룬다고 했지만 내가 다룬 청년들은 서울대, 한양대, 서강대 학생들이었다. 당연히 그들은 "버틸 만하다"고 했다. 일종의 지대rent와도 다름없는 명문대 졸업장이, 버티면 주어진다. 지금 당장의 물질적 토대는 가난이지만, 이 가난은 유예된 가난이다.

버틸 동력도, 비빌 명목도 없는 이의 목소리를 날것으로 듣고 싶었다. 하지만 지독하게 가난했던 나도, 정말로 명문대의 졸업장과 정규직의 울타리 안으로 들어오니 놀라울 만큼 계급의 가장 아래와 훌쩍 멀어져 있었다. 그러던 어느 날, 폐쇄하는 것을 까먹고 열어둔 과거의 카카오톡 오픈채팅방의 알림이 울렸다. 사근동 신쪽방 취재 당시 만들어둔 방이었다.

'이 방은 뭔가요? 다른 고시원으로 옮기려고 검색하다가 들어왔는데……'

31세의 고시원 거주자 김준수씨(가명)였다.

'기자님, 카페로 오시면 당근색 겉옷을 입고 있습니다.'

갑작스러운 추위가 들이닥친 11월 중순, 서울 강북구의 한 카페에서 김준수씨를 만나기 전 그가 카카오톡 메시지를 보내왔다.

그는 처음부터 적극적인 인물이었다. 기껏해야 몇 번 만나고서 내면의 이야기를 끌어내고, 누군가가 살아온 역사까지 훑어야 하는 작업을 해야 하는 기자로서는 스스로 자신의 이야기를 말하고자 하는 욕구가 있는 이를 만나는 건 행운과도 같다. '대학가 新쪽방촌' 기획 기사를 준비하면서 취재원을 무작위로 섭외하기 위해 만들어둔 카카오톡 오픈채팅방에 스스로 접속했다. 현재 석 달째 서울 강북구 수유역 인근의 고시원에 살고 있다는 그는, 다른 고시원으로 옮기려고 검색하던 중 이 대화방을 발견했다고 했다. 그를 만난 11월의 어느 날은 우연히도 김씨가 고향인 대구를 떠나 서울에 와서 고시원 생활을 시작한 지 100일째 되는 날이었다.

"100일 동안의 고시원 생활을 정리하는 기분으로 이야기하니 제게도 의미가 있네요. 잠시 살다가 금방 나갈 수 있을 줄 알았는데, 어쩌다가 시간이 계속 흐르고 있어요."

차가운 레몬 음료를 후루룩 마시면서 왜 고향을 두고 서울에 와서 생활하고 있는지, 고시원 생활은 어떤지, 그에게 집이란 어떤 의미인지, 앞으로의 삶이 어떠하기를 기대하는지 들을 수 있었다. 워낙 하고 싶은 말이 많았던 그는 함께 놓인 디저트를 한 조각도 먹지 않은 채 두 시간 가까이 이야기를 늘어놓았다.

"지금은 하루 1만 원으로 고시원에 살고 있어요."

사법고시 폐지 등과 맞물려 고시원이 저임금 노동자의 숙소로 전락해버린 것은 익히 알려진 사실이지만, 고시원이 어떤 양태로 도심의 저렴한 주거를 대체하고 있는지는 실증적인 연구가 아직 부족한 상황이다. 전통적인 '비적정 주거'라고 일컬어지는 쪽방, 여관, 여인숙의 경우 '유연한' 임대 형태가 특징이다. 보증금조차 모을 수 없이 하루하루 살아가는 이들을 위해 '일세' '주세'의 방식으로 잘근잘근 임대료 혹은 숙박 비용을 내는 식이다.

그러나 지금까지 고시원은 달랐다. 적어도 내달 치 월세를 보증금으로 선납해야 묵을 수 있고, 월세도 온전하게 한 달 치를 내야 한다. 이는 고시원과 쪽방·여관·여인숙을 구분 짓는 미묘한 격벽이었다. (몇 달 치의 여유……)

그랬던 고시원조차 '일세'를 받기 시작하는 건 주거에 관한 사회학적 관찰과 글쓰기를 위해 굉장히 의미심장한 변화였다. '내몰린 이'들을 수용하는 주거 한계선이 고시원까지 올라가버린 것이다.

"보증금도 없고, 처음 서울에 온 날 현금이 딱 2만 원 있었어요. 사실 그 돈도 없었는데 빌려서 마련했죠. 하루 이틀 잘 곳이 필요해서 고시원 여러 곳에 전화했더니, 지금 묵고 있는 고시원이 된다고 하는 거예요. 월세로 내는 거랑 큰 차이는 없어요. 한 달에 31일인 날, 월세로 내는 것보다 1만 원 더 내는 정도?"

보증금 30만 원에 월세 30만 원. 그마서 메워넣시 못하는 이가 많아 고시원 사장은 보증금을 꼭 받아야 한다고 했지만, 김 씨는 딱한 사정을 계속 이야기해 노숙 신세는 면하게 됐다. 북향이지만 작은 창문이 하나 있어 존재만으로도 위안이 된다. 방 안에는 한 사람 겨우 누울 침대와 제대로 작동하지 않는 간이 냉장고가 있다. 옷은 천장에 부착된 봉에 옷걸이를 이용해 건다. 옷가지가 몇 되지 않아 옷장이 없어도 무리는 없다. 170센티미터가 채 되지 않는 신장이 감사한 것은 고시원 침대에 몸을 뉘일 때뿐. 키가 조금만 더 컸더라도 그리스 신화의 프로크루스테스의 침대처럼 발목이 댕강 침대 밖으로 나왔을 터이다. 결코 옷기 어려운 상황에 대해 묘사를 하면서도, 김씨는 "키가 작아 다행이다"라며 유머를 잃지 않았다.

의식주. 생활의 3대 조건 중, 인간적인 생활을 영위하기 위해 무엇보다 선행하는 조건은 '주住'다. 집은 생활 그 자체다. 공간이 있어야 옷을 보관하거나 입고 벗을 수 있으며, 영양가 있는 식사를 할 수 있다. 김씨는 고시원을 한마디로 '식욕 떨어지는 공간'이라고 칭한다.

"제가 밥을 주로 어떻게 해결하는지 아세요? 김자반 같은 거 대량으로 구매하면 굉장히 싸거든요. 그걸 통에다가 두고 고시원에서 주는 밥을 굴려서 주먹밥을 만들어 먹어요. 오뚜기 햄버그 스테이크 같은 즉석식품을 사서 먹을 때도 있지만, 주먹밥이 싸고 최고예요."

31세의 청년. 4년제 인서울 대학을 나와 정규직으로 취업을 했다면 아마 3, 4년 차 직장인이 되었을 것이다. 그래서 전세자금대출을 알아보며 자신만의 공간을 점점 넓혀갔을 것이다. 잇속에 조금 더 밝았다면, 주택담보대출을 받아 자가 소유주도 될 수 있는 나이. 그리고 결혼이나 직장에서의 성취 같은 것들을 향해 끝없이 달려갈 동년배들을 멀찍이 바라보며 그는 2평 남짓한 고시원에서 임시 일자리를 전전하고 있다.

그는 매스컴에서 '평범한 청년'으로 그려지는 인서울 대학, 서민 계층 이상의 가족 안전망, 정규직 취업준비생 등과는 다른 궤적을 그리며 살았다. 상업고등학교를 졸업한 뒤 경주의 한 대학에 08학번으로 입학했다. 대구에서 통학하다가 적성에 잘 맞지 않아 휴학과 유예를 거듭하던 중 10년이 흐른 2018년, 서른 살에 자퇴를 결정했다. 이후 한 대학에 편입한 뒤 올해 2월이 되어서야 학사 학위를 땄다.

겨우 30대 초입의 나이. 그는 지금까지 도전했던 것에 대해 "항상 실패하기만 했다"고 했다. 잘 해보려고 하는 일들은 항상 빚으로 돌아왔다. 배달을 제외하고 안 해본 아르바이트가 없다. 김씨는 "전단지 돌리기, 호텔 서비스업, 프렌차이즈 레스토랑 서빙, 보조 출연 등 남들이 앉아서 공부만 할 때 돈 벌 수 있는 곳은 어디든 가서 안 해본 것이 없다"고 당당하게 말했다. 그러나 현실은 매일 1만 원씩 내겠다고 고시원 사장에게 장담을 했지만, 결국 일주일쯤 방세를 밀려버린 신세다.

"월 180만 원을 버는데 매달 빚으로만 120만 원을 갚아요. 사업을 했다가 실패한 빚도 있고, 본가에 소송이 걸린 일들이 있거든요. 소송 비용을 대고, 가끔 몇만 원 여윳돈이 생기면 집에 생활비로 조금 보내드리고요. 그러니 갈 수 있는 곳이 고시원 이런 곳밖에 없죠."

직장도 구하지 않은 상태에서 서울대 평생교육원에서 자격증 공부를 하기 위해 무작정 상경했다. 지금은 인근 고등학교에서 비정규직으로 일하고, 짬짬이 아르바이트를 하면서 일세를 마련하고 있다. 이날은 일터에서 나눠주고 남은 사탕을 기자에게 한 아름 안겼다.

"대구에 살 때 '고시원'은 공부하려고 서울로 올라간 사람들이 사는 곳인 줄 알았어요. 서울 와서 보니까 이미지가 확 달라서, 처음에는 친구들에게 고시원 산다고 말도 못 했어요. 뭔가 죄지은 사람들 모인 느낌을 준달까. 냉장고 소음조차 조용한 날. 아무 소리도 들리지 않고 멍하게 하얀 벽지를 보노라면, 하얀 독방에 가둬놓은 죄수가 된 심경이랄까요. 그럴 때는 '복도에 누구라도 지나갔으면 좋겠다, 인기척이 조금이라도 들렸으면 좋겠다'고 생각해요. 아무도 안 지나가더라고요, 하하. 극도로 우울함을 느껴서 몇 날 며칠을 울었죠."

고시원은 시간이 멈춘 방이다. 100일 동안 시간이 멈춘 공간에서 김씨는 '버티는 방법'을 터득했다. 달력도 없고 시계도 없는 '현대판 쪽방' 고시원에서 시간을 알 수 있는 방법은 단 두 가지다. 휴대전화 시계와 창밖 풍경.

"현대사회 사람들은 5분, 10분도 쪼개서 쓰잖아요. 방 안에서 아무 생각 없이 30분을 있다보니 나름 힐링이 되더라고요. 바깥세상 사람들이 사는 방식에 역행하는 느낌도 들고. 하하, '정신 승리'인 걸까요."

'고시원에 사는 것처럼 보이지 않기 위해' 그는 일부러 경쾌한 색깔의 옷을 입는다고 했다. 당근색 외투는 지난가을 동묘 중고 시장에서 5000원을 주고 산 것이다. 잔인한 서울의 겨울은 다가오는데 외투를 사려다보니 기본 20만~30만 원 선이었다. 그 돈이면 월세를 한 달 치 내겠다는 생각에 중고 시장으로 향했다.

"처음에는 남이 입던 옷이라서 꺼려졌던 것도 사실이에요. 그런데 반대로 생각해보니 보통 못 입을 정도가 되면 옷을 버리고 마는데, '헌옷 수거함'에 넣는 건 그중에서도 곱게 입은 옷들이잖아요. 못 입을 이유가 없다고 생각했어요. 고시원에 사는 데다 우중충한 밤색 옷을 입으니 남들 시선이 더 신경 쓰여서……."

그 역시 영화 「기생충」의 기우처럼, 한양대 졸업생 전동수씨처럼 "다 계획이 있다"고 했다.

"지금 공부하고 있는 자격증 시험이 한두 달 뒤에 있거든요. 시험 치르고 난 뒤에 삶이 좀 괜찮아진다고 하면 배달 어플리케이션의 배달원을 해보려고 해요. 킥보드나 자전거를 타고도 배달할 수 있다더라고요. 더 먼 계획은, 마흔 살엔 해외에 가서 살아보는 거예요. 학교 다닐 때 국사 시간에 배운 내용으로는, 집과 땅이 없는 사람들의 최후는 '화전민'이나 '유목민'이 되는 것이더라고요. 그럴 바에 저는 그냥 외국에 가서 다른 사람들 시선 신경 쓰지 않고 살고 싶어요."

그런 그에게 며칠 뒤 '자신이 가난하다고 생각하느냐'고 물었나. 그랬더니 그는 국어사전에 적힌 '주거빈곤층'의 정의를 카카오톡으로 보내왔다.

'가난하여 주거공간을 마련하기 어려운 계층. 또는 그런 계층의 사람들.'

"가난의 경험이 없는 건 아니에요. 집 없고, 먹고 자는 게 힘들고, 직업을 구할 때나 공부하는 데에도 제약이 있고, 몸이 아픈데도 일해야 하고……. 근데 가난이라는 단어를 옆에 두지 않으려고 노력해요. 속옷 몇 년 입던 게 삭아서 찢어지면 '찢어지게 가난하다가 찢어져버렸다'며 농담 삼아 웃곤 하는데요. 기분 안 좋을 때는 코인노래방에서 1000원이면 목 쉬도록 지를 수 있어서 스트레스도 풀려요. 물질적 가난보다 정신적 가난, 절대적 가치보다 상대적 가치로 인한 빈곤, 과시욕, 외로움, 무기력증, 우울감 이런 게 더 안 좋은 거 아닌가 싶어요."

'프로듀스 101'의 축소판, 서울

"스스로 가난하다고 생각하시나요? 당신은 주거빈곤층인가요?"

자기 삶에 대해 거침없이 말하던 한양대 졸업생 전동수씨도 가난을 직면하는 순간 앞에서는 움찔했다.

"저는 제가 가난하다고 생각하지 않아요. 기분도 나쁘고요. 왜냐하면 빈곤하다는 것에 엮여 있는 이미지가 있잖아요. 그래서 일부러 못 알아듣는 척하는 거 같아요. 내 마음은 안 가난하고, 나는 가능성이 있고. 제가 여기 살고 있으니까 정당화를 하고 있는 것일 수도 있어요. 물론 제가 주거 요건이 더 좋은 데로 가서 살다가, 다시 이런 쪽방으로 오라고 하면 못 살겠죠. 그런데 지금은 내가 사는 곳이니까, 이 집에서 나는 나아지고 있다며 '정신승리'를 해야지, 그렇지 않으면 못 살아요.

제 수입이 지금 200만~300만 원 사이거든요. 2년 차가 되면 300만 원대는 된다고 해요. 근데 그걸 모아서 집을 사려면 계산해보니까 200만 원씩 8년 저축을 해도 겨우 1억 조금 넘어요. 그래서 여자친구가 벌 때까지⋯⋯ 모르겠어요. 집에다 더 투자할 여력은 없어요. 지금 여기서 살아야 할 거 같아요."

'당신은 가난합니까? 당신은 주거빈곤층입니까?'

방금 죽은 고등어 눈알처럼 직설적이고 노골적인 질문. 전씨는 질문을 받자 미간을 살짝 찌푸렸다. 그러더니 이내 강하게 부인했다. 자신의 가능성을 긍정하면서도, 지금의 상황에 대해서는 비관했다. '정신승리'라는 그의 말처럼, 진짜 그가 그렇게 생각하는 건지, 아니면 정신승리의 결과 그렇게 생각하기로 한 건지 분명하지 않았다. 답변도 그 경계를 넘나들며 혼란스러웠다.

"왜 자신이 처한 상황이 주거빈곤이 아니라고 생각하세요?"

"제 원룸 건축물대장에는 '위반'이라 돼 있잖아요. 제가 부산에서 가족이랑 살았던 아파트에는 그런 말이 안 적혀 있겠죠. 그리고 우리 부모님은 주거빈곤층이 아니고…… 난 한 번도 주거빈곤층이었던 적이 없고. 그래서 그때를 기준으로 생각하는 거 같아요. 지금 부모님도 고향에서 잘 살고 계시니까. 여기는 '서울 집'일 뿐이지, '내 집'은 아닌. 그래서 그 개념을 잘 못 받아들이겠어요."

가난을 숨기는 게 미덕이 된 사회에서, 자신의 현실을 적나라하게 직시하게 만드는 질문은 불편하다. 이처럼 내밀한 고민과 스스로 마주하기도 쉽지 않다. 사근동 신쪽방에 사는 이들과 심층 인터뷰를 한 뒤, 가장 마지막 질문으로 자신이 가난하다고 생각하는지를 물었다. 물론 모두 불쾌한 티를 역력하게 냈다. '나는 지금 가난하지 않으며, 당장 이런 상황에 놓인 것은 더 나은 미래를 위해 지금 버티는 중이기 때문이다'라는 생각을 내면화한 까닭에서다. 여러 사람이 '정신승리'라는 단어를 입에 올렸다.

그러나 이는 현재 스스로 결정할 수 있는 것은 아무것도 없음에도 불구하고 미래 가능성을 전제하며 잔인한 착취 구조의 작동을 간과하는 것에 다름없는 것처럼 보였다.

물론 전씨의 절대적 조건은 상위 5퍼센트 안에 드는 조건의 청년이라 해도 무리가 없다. 200만 원이 넘는 월급, 300만 원으로의 임금 상승을 기대할 수 있는 정규직, 부모님이 마련해주신 보증금 4000만 원, 많은 사람이 선망하는 한양대 학사 졸업장 등.

여기서 주목해야 하는 것은, 그런 청년임에도 불구하고 '신쪽방'이라는 열악한 주거에 내몰릴 수밖에 없는 현실이다. 그리고 경제적 이익에 눈멀어 어른으로서의 책임감이나 윤리 없이 기숙사 신축을 반대하면서도 청년들의 고혈을 빨아 부를 축적하는 '신쪽방' 건물주가 존재한다는 사실이다. 고통받는 청년의 귀에 맴도는 '젊을 때 고생은 사서 한다'는 경구. 그리하여 버티고 정신승리하는 것은 청년 개인의 몫이다. 이 모든 연쇄 작용이 병든 사회의 단면을 보여준다. 세상이 얼마나 가혹하게 청년들을 각자도생과 자력구제로 내모는지, 그리고 다른 사람들을 착취해 피라미드 한 층을 올라가는 누군가에 대해 얼마나 윤리적으로 무딘지를.

"국민 프로듀서님, 잘 부탁드립니다!"

2016년 첫 시즌을 시작하며, 아이돌 서바이벌 오디션의 신호탄을 쏘아올린 M.net의 '프로듀스 101'은 기회와 공정의 탈을 쓴 '청년 착취 시스템'이었다. 십대와 이십대의 연습생 101명은 시즌마다 최종 데뷔 11명 순위 안에 들기 위해 필사적으로 항전을 벌였다. 프로그램은 매 편 허리를 90도로 꺾으며 인사하는 연습생의 우렁찬 구호로 끝을 맺었다. 방송이 끝나면, '국민 프로듀서'는 자신에게 부여된 한 표를 행사해 최종 11명의 데뷔조가 될 연습생을 뽑았다.

나는 이 프로그램이 서울을 상징한다는 생각을 종종 했다. 데뷔조에 들려는 연습생들이 단 한 번이라도 카메라 앵글에 잡히려고 용을 쓰는 무대. 그리고 지방에서 올라온 뜨내기 청년들이 '서연고서성한중경외시건동홍' 안에 들기 위해 온 집안의 서포트를 받으며 데뷔를 꿈꾸는 무대. 뜨내기들의 욕망 도시, 서울. 프로듀스 101처럼 젊음을 착취하는 구조는 서울에서도 똑같이 재현되고 있다.

'1인 1표.' 이보다 더 민주적인 방식은 없으나, 이는 겉으로 드러나지 않는 착취를 숨기기 위한 위장된 공정이었다. 'PD픽(PD가 뽑은 인물)'이라는 신조어가 생길 정도로 제작진은 경쟁 판도 자체를 쥐락펴락했다. 배경에 1초 나올까 말까 한 연습생이 있는가 하면, 호의를 등에 업은 연습생은 온갖 감동적인 극적 서사를 몰아서 받으며 단연 존재감을 드러냈다.

심지어 투표수를 조작까지 했다고 하니, '실력과 노력에 의한 정정당당한 경쟁' 같은 건 애초부터 없었다. '투표'가 공정성을 담보할 거라 생각했던 팬들은 낙담했고, 돌풍을 일으켰던 프로듀스 101은 사회 신뢰를 한 움큼 삼킨 채로 그렇게 끝이 났다.

무엇보다 이 잔인한 랠리 밖에 숨어 있는 '근본적으로 불공정한 구조'는 표면에 드러나지 않는다. 애초에 YG, SM 같은 대형 기획사, 그러니까 군이 비유하자면 '금수저' 기획사의 연습생들은 이 프로그램에 나올 필요가 없다. 국내 연습생은 1440명에 달한다.[36] 회사의 존속도 장담할 수 없는 중소 기획사 연습생은, 프로듀스 101 무대에 오르는 것이 유일하게 자신을 알릴 기회라는 것을 너무나 잘 안다.

이 모든 근본적인 열정 착취 구조를 알 길 없는 연습생들은 "서바이벌 프로그램 출연이 힘들지 않느냐"는 질문에 통상 이렇게 답했다.

"다 제가 하고 싶어서 하는 일이고, 이걸 견디면 꿈이 이루어질 수 있으니까요."

"어쩔 수 없다고 생각해요. 아르바이트하면서 월세 내기는 빠듯한데, 서울에서 유일하게 남 눈치 보지 않고 저에게 집중할 수 있는 공간이니까요."

한양대 3학년 김주은(가명)씨는 사근동의 한 신쪽방에서 보증금 500만 원에 45만 원을 내면서 살고 있다. 한 가구를 원룸 4개로 쪼갠 방 하나에 몸을 겨우 누이는 김씨는, 자신의 방이 정확히 몇 평인지도 모른다고 했다.

남매가 모두 한양대를 다니고, 오빠도 근처에 자취를 하는 바람에 제주도에 있는 부모님은 매달 한 사람당 80만 원씩, 총 160만 원을 생활비와 월세로 보내준다. 결코 적은 금액이 아니지만, 그래도 대학 생활을 영위하기엔 턱없이 부족해 근처 애견용품점에서 아르바이트를 하고 매달 40만 원을 번다. 전문가들은 월

소득 대비 임대료 비율RIR·Rent Income Ratio이 20퍼센트를 넘는 경우 '임대료 과부담'으로 보고, 주거빈곤에 영향을 주는 요소로 꼽는다.

"보통 자취하는 대학생은 모두 '주거빈곤층'에 속하지 않을까요? (가난하다고 하면) 기분은 나쁘죠. 저는 제가 가난하다고는 생각하지 않아요. 부모님이 월세를 보내주시기도 하지만, 어쨌든 졸업하면 저도 돈을 벌잖아요. 언제까지 이렇게 살겠어요. 잠깐뿐이라고 생각해요."

지방 청년들에게 서울은 기회와 희망의 도시다. 고향을 떠나지 않으면 학업도, 취업도 기회가 없다. 미디어는 서울의 청년을 재현한다. 지난 10년 동안 서울과 경기로 유입된 20대 순이동 인구수는 46만7000여 명으로 증가했다. 부산, 대구, 광주, 대전, 울산 등 주요 광역시는 모두 감소했다. 물론 일자리와 대학이 가장 중요한 요인이지만, 지방에 남아 희망을 보지 못하는 청년도 뚜렷한 대안이 없더라도 삶의 옵션에 대한 주체적 선택을 위해, 교육과 직업, 문화적 기회를 좇아 경제적 곤란을 무릅쓰고 서울로 온다.

'사람은 서울로 가야 한다'는 경구는 지역에 있는 대학을 '지잡대'로 통칭하고, 지방을 모두 식민지로 만들어버린 서울공화국은 서울만 마치 '정식 무대'인 것처럼 만들어버렸다. 그리고 지방엔 오디션 프로그램조차 나가지 못한 무명 기획사 연습생들만 남아 있다. 고향을 떠나지 않으면 모든 것이 곤란해지는 사회. 청년들은 마치 무대에 한 번이라도 오르기 위해, 힘든 서바이벌 경연을 감수하고 프로그램에 참가한다. 서울로, 서울로. 모두가 한 발짝이라도 딛고 싶어하는 오디션 무대로.

그중 한 결과가 서울에서 혼자 사는 청년 3명 중 1명 이상이 '주거빈곤'이라는 것이다. 누군가는 서울에서 이리 비참하게 살 바에 저렴한 지방으로, 혹은 본가에서 아늑하게 사는 게 낫지 않느냐, 모두가 서울을 고집할 필요가 있느냐고 물을 수 있다. 그러나 고향인 대구에서 살다가 느지막이 30대가 되어서야 직업도 없이 상경한 김준수씨는 비록 고시원 생활을 전전하지만 '추운 것 빼고' 서울 생활이 모두 만족스럽다고 했다.

"처음엔 고향을 벗어나려고 올해 초부터 매주 대구와 서울을 무궁화호로 왔다 갔다 하면서 자격증 공부를 했어요. 그러다 매달 40만~50만 원 이상 들다보니, 그냥 서울로 오게 됐어요. 고향에서 실패를 참 많이 했어요. 가뜩이나 젊은 사람들이 없는데 보수적인 도시에서 실패를 거듭하다보니 발 디딜 곳이 없는 것처럼 느껴졌지요. 동네가 좁아서 뒷이야기도 많고요. 무엇보다 서울에는 선택지가 많잖아요. 이걸 실패해도 다른 걸 배울 수도 있고, 일자리도 많고요."

청년들은 '버틴다'. 지금의 고통을 감내하면 결국 각자가 원하는 이상향에 닿을 것이라는 희망 하나만 믿고서 말이다. 혹시나 모든 것이 꿈처럼 풀리지 않는다고 하더라도 젊음이라는 견딜 수 있는 조건 하나만 믿고서 말이다. 마치 오디션 프로그램이 '열심히 노력하면 언젠가 데뷔할 수 있다'는 욕망을 연습생에게 투영하듯, 청년에게 착취 도시는 주입한다. 지금의 고생을 견디면 대기업 명찰을 목에 걸고, 가정을 꾸리고, 내 집을 마련할 수 있다는 미래에 대한 환상을. 그렇게 서울은 이들의 욕망을 먹고 자라간다.

나이가 어릴수록 가난은 버티는 것이다. 청년 주거빈곤이 심각한 상황임에도 불구하고 항상 정책 우선순위에서 밀려났던 것은 그 처지가 쪽방촌 노인이나 홈리스와는 달리 당장에 노동시장에서 일을 할 수 있다는 것을 전제하기 때문이다. 또 '노오력'에 따라 상황을 벗어날 수 있다는 건 인간을 납작하게 부품화하고, 능력에 따라 서열화하는 착취사회의 정언명령이 아니던가.

기다리면 나아질 것이라는 희망에, 대부분 현재의 빈곤을 직시하지 않고 정당화하는 경향을 보이기도 했다. '저당 잡힌 미래'를 기반으로 실제 자신이 가난하다고 생각하지 않는다는 것이다. 그러나 앞서 제시한 것처럼 우리 사회 청년 3명 중 1명은 '일을 하고 있거나 구직 중인데도' 빈곤 상태에 처해 있다.

그러나 가장 마지막 순간에 되돌아보면 결국 '버티면 데뷔할 수 있다'는 것은 환상이다. 사이사이에 작동하는 다양한 불공정을 애써 무시하는 까닭은, 우리 사회가 '내가 열심히 해서 정상에 오르는 것' '내가 데뷔하는 것'에 초점이 맞춰진 능력주의 신화를 신봉하기 때문이다. 모두가 상승을 욕망하는 도시 서울에서, 지방 출신 청년들은 가장 낮은 곳에서 발을 구르는 이방인이다. 강남에서 나고 자란 청년은 이 전쟁에 참전하지도 않는다. 마치 YG, SM 등 '금수저 기획사'의 연습생들은 굳이 '프로듀스 101'이라는 착취 피라미드에 발을 들이지 않는 것처럼 말이다.

"제게 집은 '씻는 곳' 그 이상의 의미가 없어요. 어차피 이 집에서 오래 살아봤자 2년이니, 제대로 된 직장을 가질 때까지만 '버티자'고 생각해요."

신쪽방에서 '버티는' 이는 또 있다. 경기권 대학을 졸업하고 한양대 박사과정에 재학 중인 최성욱(가명·32)씨에게 집은 '씻는 곳' 그 이상 이하도 아니다. 혹은 자신의 짐을 보관하는 곳에 불과하다. 보증금 2000만 원에 월세 33만 원을 내고 살고 있는 4평 남짓의 원룸. 빠듯한 예산에 인근 부동산 중개업자를 닦달하며 한 달 동안 열여덟 곳의 집을 봤지만, 이 돈으로는 반지하밖에 구할 수 없었다고 했다. 그러다가 겨우 구하게 된 집이 지금의 원룸, 신쪽방이다.

"집 구하는 게 이렇게까지 힘들 줄은 몰랐어요. 박사과정 전에 수원에 살았을 때는 무난하게 구했거든요. '아 힘들다, 힘들다'는 말이 절로 나왔죠. 그래서 처음엔 고시원에 들어갈까 생각했어요. 서울에 연고가 없다보니, 처음에 올라와서 한 달은 고시원에서 살았어요."

열여덟 곳이나 둘러봤지만 대부분의 방은 너무 작았다고 했다. 고시원 방 두 개를 붙인 수준도 안 되는 곳이 허다했다. 고시원 간판만 달지 않았을 뿐, 침대, 주방만 겨우 갖춘 집을 '초미니 원룸'이라고 했다. 보증금이 아무리 2000만 원이라고 해도 월세 30만 원대를 구하다보니 대부분 반지하였다.

"가격대 맞추다가 '해가 들어오는 반지하'라고 해서 가보니 요만한 화장실 창문더러 그렇게 말한 거 있죠? 정말 인간적인 모멸감을 느꼈어요."

운 좋게 부모의 보조를 받거나, 그렇지 않으면 아르바이트 등
적은 벌이로 주거비를 겨우 마련하는 이에게 집을 구하는 경험
은 부족한 예산 내에서 열악한 원룸을 눈으로 봐가며 자신의 궁
핍한 처지를 계속해서 확인하는 과정이었다. 최씨는 자신이 살
고 있는 집이 '불법 건축물'이라는 것을 제대로 알고 있지 못했
다. 간혹 전동수처럼 그 사실을 알았더라도, 제한된 예산으로 살
만한 집을 구하느라 고려 대상에서 가장 먼저 배제해버리는 것
이 '불법 여부'였다.

그렇게 힘들게 얻은 집이지만, 연구실에서 일을 하고 돌아올
때는 집에 들어가고 싶지가 않다고 했다. 그는 계속해서 '쉬는
데 불편한 건 없다' '지내는 데 불편한 건 없다' '혼자 지내기엔
나쁘지 않다'고 반복했다. '집에서 쉬는 게 제일 좋다' '집은 나
를 보살피는 데 최적화된 곳이다' '혼자만의 자유를 만끽하는
공간이다'가 아니라. 이 모든 맥락은 지금의 집이, 현재의 나를
품어주는 곳이 아닌 미래의 어떤 지향을 이루기 전 잠시 거쳐가
는 경과적 주거로 기능함을 의미한다. 혼자 맥주 한잔 마실 때만
위안이 된다는 공간에, 그는 자신의 수입 가운데 5분의 1을 월
세로 낸다.

그에게도 스스로를 '주거빈곤층'이라 여기는지 물었다.

"사는 데 불편한 게 없으니 '주거빈곤'이라 생각해본 적은 없
어요. 제가 생각하는 주거 환경에서 부족함을 못 느꼈거든요. 집
에서 잠만 자고 나오는 경우가 대부분이고, 자는 시간을 제외하

면 30분 집에 있을까 말까 합니다."

　일간지 『한겨레』가 최근 전국의 다양한 계급, 배경을 가진 19~23세 청년 100인을 심층 인터뷰, 설문조사한 결과[37] '삶에서 가장 중요한 것이 무엇이냐(복수 응답)'라는 질문을 던졌더니 응답 중 '건강'과 '경제적 안정'이 압도적인 1, 2위를 차지했다고 한다. 자아실현과 성공, 성장은 각각 1건에 불과했다. 기사는 "'건강' '경제적 안정' '가정'이 꼽힌 것은 삶을 지탱할 수 있는 버팀목이 사회의 의료나 복지 지원 체계가 아니라 자기 관리와 최소한의 경제적 여건, 그리고 가정이라는 공간에 한정되어 있다"고 분석했다. 즉 가정의 도움을 받지 못하고 생존에 불리한 조건이 되어 나락으로 떨어지는 것에 대한 두려움이, 꿈이나 성취로 얻게 되는 긍정적 기운을 압도하는 '각자도생'의 사회가 된 것이다.

　동시에 '미래에 자기 삶이 더 개선될 가능성이 있다고 생각하느냐'는 질문에는 69명이 '그렇다'고 답해 가장 큰 비중을 차지했다. '개선될 가능성이 없다'고 생각하는 이는 5명뿐이었다.

　오늘날 청년들이 바라는 자신의 현재와 미래는 그리 거창한 것이 아니다. 그저 건강하고, 경제적으로 '여유' 있는 것도 아닌 '안정'적이기라도 할 것. 그것만이라도 해결된다면 미래는 앞으로 더 나아질 것이라는 '소확행'의 의식 구조. 이처럼 체화된 체념이 청년 세대의 상층에 위치한 인서울 대학생들에게도 드러나는 것은, 이제 더 이상 여러 사회적 자본이 확실한 미래를 보장하지 못한다는 불안감에서 기인한다.

고성장의 훈풍을 타고 여러 매력 자본이나 대학 졸업장 등에 비빌 수 있는 사회가 아닌지라, 이들이 믿을 수 있는 건 오직 하나 '젊음'뿐이다. 그리하여 청년은 '빈곤의 표상'이 됨과 동시에 여러 '가능성'을 내포하는 이중적 존재가 돼버렸다. 이런 기본적인 욕구와 희망도 뒷받쳐주지 못하고 어떻게든 청년을 착취하려는 사회가, 결혼, 출산 등 재생산을 위한 많은 것을 요구해도 되는 걸까.

모든 개인에게 집은 생활의 중심이다. 비바람을 막아주고, 범죄의 위협으로부터 몸을 숨기고, 바깥 활동에서 받은 스트레스를 해소할 수 있는 곳. 우리는 사회생활을 하며 깎여나간 마음의 조각들을 집 안에서 스스로를 돌보며 다시 채워나간다. 밀린 빨래를 하고, 넷플릭스를 보며. 냄새만 맡아도 영혼을 달래주는 솔푸드를, 그 누구의 시선도 의식하지 않은 채 입안 가득 우걱우걱 집어넣으면서. 그리하여 집 안에서 우리는 다시 바깥의 전쟁터로 나가 싸울 힘을 얻고, 방전된 배터리를 충전해 삶의 톱니바퀴를 계속해서 굴리게 만든다. 집은 개인이 삶과 사회생활을 계속해나갈 수 있게 하는 미토콘드리아이며, 발전소이고, 동시에 생명을 돋우는 알端이다. 지금 당신이 살고 있는 집이 반지하든, 고시원이든, 도시형 생활주택이든, 최고급 주상복합 아파트이든

주택 그 자체가 갖고 있는 물성은 큰 차이가 없다.

　안정적 주거는 사회적 논의의 폭을 풍성하게 만든다. 지역 사회에 큰 관심을 갖지 않았던 이도 자신이 정주하는 공간이 생기면 부쩍 나를 둘러싼 동네의 풍경에 관심을 가진다. 알렉시스 드 토크빌은 "어떤 사람이 자기 이익에서 눈을 돌려 국가 전체의 문제에 관심을 갖도록 강제하기는 어렵다. 하지만 만일 자신의 집 앞을 지나는 도로를 놓는 문제라면, 그는 이 작은 공적인 문제가 자신의 가장 거대한 사적인 이익에 관계된다는 사실을 단박에 이해하게 된다"[38]고 말했다. 정주하는 사람들이 한 공간에 모여 마을의 안건을 논의하고, 더 나아가 높아진 주권의식이 정치 참여로 이어지는 풍경은 얼마나 아름다운가. 하지만 역설적으로 쪽방촌 주민과 주거 난민 청년들이 정치권의 시선을 사로잡지 못하는 이유는, 파편화·분자화된 주거 형태로 정치적 구심점을 갖지 못해, 한마디로 '표가 되지 않기' 때문이라고 볼 수 있다.

　제대로 된 집, 안정적 주거의 순기능을 설파하자면 끝이 없겠지만 여기서 한 가지 강조하고 싶은 것은 너무나 단순한 명제다. 오늘날 집은 단순히 외부의 위험을 막아주기 위한 공간이 아니라는 것이다.

　적정 주거생활을 영위하지 못하는 사람들의 생존은 아주 우연적이다.[39] 『자기만의 방』의 저자 정민우는, 이러한 삶을 '아기 돼지 삼형제' 우화에 비유한다.

　"얘들아, 너희들도 제법 컸으니 이제부터 혼자서 살아보렴."

엄마 돼지의 한마디에 어린 돼지 형제는 각자의 짐을 꾸려 떠난다. 잠자고 먹는 것만 좋아했다고 서술되는 첫째와 둘째는 지푸라기와 나뭇가지로 집을 지어 늑대에게 잡아먹히거나, 달아나 막내의 집으로 도망간다. 게으른 형과 달리 성실하고 지혜롭게 땀 흘려 벽돌집을 지은 막내는 늑대에게서 안전을 지켜냈고, 우화는 '자본주의적 근면'이라는 메시지를 강렬하게 남긴다.

첫째와 둘째 돼지는 늑대에게 잡아먹힐 만한가. 만약 그렇다고 생각하는 이라면, 아마 쪽방촌 주민과 대다수의 지방 청년이 서울의 주거 피라미드에서 놓인 열악한 상황을 보고도 '그런 처지에 놓일 만하다'고 볼 수도 있겠다. 아마 "젊었을 때 게을렀던 것에 대해 치르는 대가"라며 빈곤 혐오를 내재화하고 있을 터이다.

첫째와 둘째는 아무런 노력을 하지 않은 것도 아니고, 다소 빈곤한 재료로 나름의 집을 지어 살았다. 운이 좋지 않아 지푸라기와 나뭇가지만 구할 수 있었을 수도 있고 교육이 충분치 못해 다른 생각을 더 하지 못했을 수도 있듯이, 내가 1년 동안 만난 쪽방촌 주민들은 평생 노동을 손에서 놓지 않은 이가 태반이었으며 주거빈곤에 놓인 청년들도 각자의 자리에서 최선을 다하고 있었다. 그러나 그들에게 삶은 불운을 피해 생존하는 것과 다름없어서 삶의 종착지는 쪽방촌이거나, 혹은 신쪽방이라는 주거빈곤의 터널을 지난하게 통과하는 중이다.

그렇다면 시장에 모든 것을 맡겨버리는 신자유주의가 극대화된 오늘날 한국 사회에서 '늑대'는 누구인가. 우화는 늑대의 약탈적 행위를 본성으로 치환하며 더 약한 이를 착취하는 구조를 방기하고 모든 책임을 개인의 게으름과 불운에 떠넘겼다. 그리고 '아기 돼지 삼형제'가 전 세계 어린이들에게 던지는 메시지는 아직까지 유효하게 작동하고 있다.

아기 돼지 삼형제에서 나쁜 것은 누구인가? 게으르고 불운한 첫째, 둘째 돼지인가? 나뭇가지와 지푸라기라도 쌓아올린 그 노력을 수포로 만들어버리고 결국 '홈리스'로 만들어버리는 늑대인가?

이 간단한 질문이 빈곤을 논의하는 데 있어 오랫동안 묵인되고 간과되었던 단어 '착취'를 수면 위로 떠오르게 하길 바라며, 논의를 마무리한다.

1. 매튜 데스몬드, 『쫓겨난 사람들』, 동녘, p.413에서 재인용.
2. 서울시 자활지원과, 〈쪽방, 쪽방촌, 쪽방상담소〉, 2017.9.
3. 서울시 자활지원과, 〈쪽방, 쪽방촌, 쪽방상담소〉, 2017.9.
4. 최인기, 『가난의 시대: 대한민국 도시 빈민은 어떻게 살았는가』, 동녘. 2011
5. 매일경제신문, 〈종로 고시원 건물주는…비소검출 백신 수입社 하창화 회장〉, 2018.11.11
6. 올해 3월 서울 종로경찰서는 고시원 원장에 대해 업무상 과실치사상 혐의로 입건, 기소의견으로 검찰에 송치했다. 최초 발화자인 301호 거주자는 수사 도중 지병인 폐암으로 사망했다. 경찰은 건물주 남매에 대해서는 혐의가 없는 것으로 봤다.
7. 〈표준국어대사전〉 정의.
8. 서울시, 2018 서울시 쪽방 밀집지역 건물실태 및 거주민 실태조사 결과보고서.
9. 통계청, 〈인구주택총조사〉.

10. 서울시, 2018 서울시 쪽방 밀집지역 건물실태 및 거주민 실태조사 결과 보고서.

11. 쪽방촌 실소유주에 대한 이름과 나이 등 구체적 개인 정보는 재가공했습니다.

12. 임덕영, 〈빈곤 비즈니스란 무엇인가〉, 홈리스 뉴스, 2013.4.30.

13. 이 장에서 구체적 지명과 번지수 등은 가공됐습니다.

14. 서울시, 2018 서울시 쪽방 밀집지역 건물실태 및 거주민 실태조사 결과 보고서.

15. 한국일보, 화장실 없는 1.25평 쪽방… "햇볕 드는 집에서 살고 싶어요", 2019.5.8.

16. 한국일보, 허술한 방 자물쇠·허름한 공용화장실… 폭력에 노출된 쪽방 여성들, 2019.5.8.

17. 2018년 홈리스추모제기획단 여성팀의 여성홈리스 구술 인터뷰(김윤영, 『불리지 못한 이름, 여성 홈리스』에서 재인용).

18. 김윤영, 『불리지 못한 이름, 여성 홈리스』, 플랫폼C, 2019.12.13.

19. 서울시 자활지원과, 〈쪽방, 쪽방촌, 쪽방상담소〉, 2017.9.

20. 인근 소규모로 분포해 있는 갈월동과 후암동 쪽방 주민 인구를 동자동 인구에 모두 더한 수.

21. 한국일보, 〈'빈곤 비즈니스' 사슬 끊으려면 쪽방을 법제 안으로 가져와야〉, 2019.5.9.

22. 한국일보, 〈서울 평당 월세, 아파트 5만원 VS 고시원 15만원〉, 2019.11.1.

23. 한국일보, 〈"'청년임대주택'은 빈민촌…신축 반대" 영등포구 아파트 논란〉, 2018.4.6.

24. 경향신문, 〈대학생 행복기숙사는 어쩌다 '혐오시설'이 됐나···주민 반대 이유는?〉, 2016.11.7

25. 한국일보, 〈청년 등골 빼는 임대업 규제하고 저렴한 공공임대 늘려야"〉, 2019.11.5.

26. 대학생주거권네트워크 2012년 조사.

27. 김태완 한국보건사회연구원 연구위원, 『보건복지포럼』, 「청년의 빈곤 실

태: 청년, 누가 가난한가」, 2017.2

28. 한국일보, 〈"젊어 고생, 언제까지 버티나" 주거권 찾는 청년들〉, 2019.11.5.

29. 한국일보, 〈벽 두께 줄이려 '유리벽 화장실'… 꼼수 판치는 '방 쪼개기'〉, 2019.10.31.

30. 한국일보, 〈이행강제금 훌쩍 웃도는 월세 수익에… 단속 비웃는 임대업자〉, 2019.10.31.

31. 2019년 2분기 서울시 주민등록 기준.

32. 한겨레, 〈대학이 주택가 형태·인구까지 영향…기숙사 상생안 만들어야〉, 2017.12.8.

33. 전자메일 발신인의 인적 사항이 드러나지 않도록 재구성.

34. 계약서상의 면적은 15제곱미터(4.5평가량)였지만, 실제 면적은 그보다 더 좁아 보였다.

35. 안수찬, 민주정책연구원 기고문 '가난한 청년은 왜 눈에 보이지 않는가', 2011. 4.

36. 한국콘텐츠진흥원, 〈2017 대중문화예술산업 실태 보고서〉, 2018.1

37. 한겨레, '청년 100명 중 "성공이 중요" 단 1명 밖에 없었다', 2019.12.12

38. Alexis de Tocqueville, *Democracy in America*.

39. 정민우, 『자기만의 방: 고시원으로 보는 청년 세대와 주거의 사회학』, 이매진, 2011.

착취도시, 서울

1판 1쇄 2020년 2월 7일
1판 5쇄 2024년 8월 16일

지은이 이혜미
펴낸이 강성민
편집장 이은혜
마케팅 정민호 박치우 한민아 이민경 박진희 정유선 황승현
브랜딩 함유지 함근아 박민재 김희숙 이송이 박다솔 조다현 정승민 배진성
제작 강신은 김동욱 이순호

펴낸곳 (주)글항아리 | 출판등록 2009년 1월 19일 제406-2009-000002호

주소 10881 경기도 파주시 심학산로 10 3층
전자우편 bookpot@hanmail.net
전화번호 031-955-2689(마케팅) 031-941-5158(편집부)
팩스 031-941-5163

ISBN 978-89-6735-743-6 03300

geulhangari.com